전쟁을 알아야 평화를 이룬다

❖ **일러두기**

- 본 책 후반부의 부록은 『전쟁론』(클라우제비츠 지음, 류제승 옮김, 책세상 펴냄)의 일부이며, 본 책의 이해를 돕기 위해 책세상과 저작권 사용료 계약을 맺고 수록한 것임을 밝힙니다.
- 저작권법에 의해 보호를 받는 저작물이므로 무단 전재와 복제를 금합니다.

클라우제비츠에게 배우는 국가안보전략

전쟁을 알아야 평화를 이룬다

류제승 지음

Der Krieg ist also ein Akt der Gewalt, um den Gegner zur Erfüllung unseres Willens zu zwingen. Der Krieg ist ein Akt der Gewalt, es gibt in der Anwendung derselben keine Grenze; so gibt jeder dem anderen das Gesetz, es entsteht eine Wechselwirkung, die dem Begriff nach zum äußersten führen muß. Der Krieg ist eine bloße Fortsetzung der Politik mit anderen Mitteln. Der Zwang, welchen wir unserem Gegner antun müssen, wird sich nach der Größe unserer und seiner politischen Forderungen richten. Der Krieg ist auch seinen Gesamterscheinungen nach, in Beziehung auf die in ihm herrschenden Tendenzen eine wunderliche Dreifaltigkeit. Wenn also das jetzige Europa über 1,000 Jahre besteht, so können wir diese Wirkung nur jener Tendenz der Gesamtinteressen zuschreiben, und wenn der nicht immer zur Erhaltung jedes einzelnen hingereicht hat, so sind das Unregelmäßigkeiten in dem Leben dieses Ganzen die aber dasselbe doch nicht zerstört sondern

Die entsetzliche Friktion, die sich nicht wie in der Mechanik auf wenig Punkte konzentrieren läßt, ist des wegen überall im Kontakt mit dem Zufall und bring dann Erscheinungen hervor, die sich gar nicht berechnen lassen. Das Handeln im Krieg ist eine Bewegung im erschwerenden Mittel. ASoll er nun diesen bestandigen Streit mit der Unerwarteten glücklich bestehen, so sind ihm zwei Eigenschaften unentbehrlich: einmal ein Verstand, der auch in diesen gesteigerten Dunkelheit nicht ohne einige Spuren des inneren Lichts ist, die ihn zur Wahrheit führen, und dann Mut, diesem schwachen Lichte zu folgen. Der erste ist bildlich mit dem französischen Ausdruck coup d'œi bezeichnet worden, der andere ist die Entschlossenheit. Die moralische Hauptpotenzen sind die Talente des Feldherrn kriegerische Tugend des Volksgeist Es ist ihre Pflicht, die absolute Gestalt des Krieges obenan zu stellen und sie als einen allgemeinen Richtpunkt zu b . Die T helt i ll den uf, erle gt seine Schritte, erzieht sein Urteil und bewahrt ihn vor Abwegen. Sie soll den Geist des künftigen Führers im Kr ben oder lmehr sei seiner Sel   , nicht aber ihn auf das Schlachtfeld beg

Die Kriegskunst im eigentlichen Sinn wird also die Kunst sein, sich der gegebenen Mittel im Kampf zu bedienen, und wir können sie nicht besser als mit dem Namen Kriegführung bezeichnen. Dagegen werden allerdings zur Kriegskunst im weiteren Sinne auch alle Tätigkeiten gehören, die um seinetwillen da sind, also die ganze Schöpfung, d.i. Aushebung, Bewaffnung, Ausrüstung und Übung der Streitkräfte. Die Strategie hat ursprünglich nur den Sieg, d.h. den taktischen Erfolg, als Mittel und, in letzter Instanz, die Gegenstände, welche unmittelbar zum Frieden führen sollen, als Zweck. Alle diese Zwecke und Mittel untersucht die Theorie nach der Natur ihrer Wirkungen und ihrer gegenseitigen Beziehungen. Sie wendet sich also an die Erfahrung und richtet ihre Betrachtung auf diejenigen Kombinationen, welche die Kriegsgeschichte schon aufzuweisen hat.

지베르니

추천의 글

저자는 육군 장군이며 특명전권대사를 역임한 외교관이기도 하다. 나는 비록 류제승 장군이 후배이지만, 육군사관생도 시절부터 지금까지 47년 넘는 세월 동안 경이로운 시선으로 그를 지켜보았다. 그는 뛰어난 사유 능력과 고매한 인품뿐만 아니라 타오르는 열정을 가진 군인이다. 이 책은 그가 정책부서와 안보현장에서 전쟁과 평화, 정치와 군사전략 그리고 외교전략의 상호관계를 치열하게 체험하고 연구해 온 결과를 담은 소중한 산물이다. 그는 이미 클라우제비츠의 『전쟁론』1998년을 가장 완벽하게 번역하여 국가안보 발전에 이바지했고, 이 책 『전쟁을 알아야 평화를 이룬다』2025년는 클라우제비츠의 대표적 명제들을 현실적으로 적용하는 데 유용한 지침서로서, 국가안보를 연구하거나 그 책임을 맡은 모든 이들에게 유익한 필독서이다.

_ 이상희 前 국방부장관, 합동참모의장

나는 류제승 장군이 1976년 육군사관생도로서 독일 유학길에 오를 때 동반했었다. 최근까지 주아랍에미리트^{UAE} 한국 대사로서 국가외교에 헌신한 류 장군처럼 국가안보 및 군사 전략가로서 일가를 이룬 군인은 찾아보기 힘들다. 류 장군은 '한국의 클라우제비츠'라는 명예로운 칭호를 받고도 남는다. 이 책과의 여정을 통해 우리 국민과 국가안보 책임자들이 전쟁의 본질을 파악하고 평화를 지키는 지혜를 얻게 되기를 기대한다.

_ 김관진 前 국가안보실장, 국방부장관

류제승 장군은 본인이 장관으로서 고독하게 결정해야 했던 중요하고 예민한 안보 의제에 관해 늘 적확한 조언을 제공했던 국방부 최고의 국방정책실장이었다. 류 장군의 저술 『6·25, 아직 끝나지 않은 전쟁』2013년에 이어 이번에 출간하는 『전쟁을 알아야 평화를 이룬다』2025년는 교양·전문 서적으로서 우리 사회와 군대 내 전쟁과 평화, 군사 전문 직업주의에 관한 담론의 품격을 한 단계 높여줄 것으로 확신한다.

_ 한민구 前 국방부장관, 합동참모의장

나는 저자가 군에서 영관급 전략 장교로 활동할 때부터 20년 이상을 지켜봐 왔다. 이 역작은 군인이자 외교관인 저자의 경력이 집약된 눈부신 결실이다. 류 장군은 우리 군의 야전부대와 정책부서에서 군인의 사명을 다했고, 최근에는 외교 현장에서 주.아랍에미리트^{UAE} 대사로서 국익 증진에 헌신했다. 류 대사가 독일 유학 시절에 시작한 클라우제비츠 연구를 밑거름으로 저술한 이 책은 전쟁의 구조와 본질을 밝혀주고 한반도 평화의 길을 열어주고 있다. 나는 사관생도와 대학생, 직업 군인과 외교관, 교수와 학자, 각계 전문가, 정치인 등 국가적·사회적 책임을 다해야 하는 모든 이들에게 이 책의 일독, 재독, 삼독을 통해 거듭 음미하기를 권유한다.

_ 김 숙 前 駐유엔 한국대사, 국가정보원 1차장

류제승 대사가 재임하는 동안 한국과 아랍에미리트^{UAE}의 우호협력관계는 신뢰의 단계를 넘어 신념의 단계로 접어들었다고 평가할 수 있다. 류 대사는 이러한 놀라운 성취에 안주하지 않고 바쁜 가운데 틈을 내어 군사전략가이자 학자다운 안목으로 클라우제비츠의 『전쟁론』의 대표적 명제들이 지닌 본래적 의미와 현재적 가치를 우리 모두가 이해하기 쉽게 조명했다. 류 장군의 투철한 군인정신과 국가의식, 그리고 특별한 학문적 열정이 아니면 실현 불가능한 일이다.

_ 장호진 前 국가안보실장, 駐러시아 한국대사

나는 ROTC 제17기로 류제승 장군과 같은 해 임관하여 장교의 책무를 함께 했던 오랜 인연이 있다. 경찰과 군인은 국민의 안전을 지키고 국가에 헌신해야 하는 책무에 있어서 서로 공유하는 요인이 크다. 이번에 출간되는 『전쟁을 알아야 평화를 이룬다』2025년는 류 장군이 역사학자다운 안목으로 클라우제비츠의 가르침을 정제하여 펴낸 역작이다. 이 책이 군인뿐만 아니라 경찰에게도 국가의 역할과 개인의 의무를 성찰하도록 특별한 동기를 부여할 것으로 기대한다.

_ 이성한 前 경찰청장, 육군 학군 제17기

이 책은 류제승 대사가 왜 문무겸전文武兼全의 군인임을 명료하게 보여준다. 아랍에미리트UAE에서 대한민국 대사로 재임하는 동안 아부다비와 서울을 오가는 양국의 정상 회담 개최, 포괄적 경제 동반자 협정 체결, 군사 및 방위산업과 에너지산업의 전략적 협력 등 폭넓은 외교업무를 성공적으로 수행했다는 높은 평가를 받고 있다. 이 책을 읽는 분들은 국가안전보장이 현명한 국민과 통찰력을 지닌 국가지도부, 그리고 유능한 군사전문집단이 삼위일체가 되어 감당해야 할 신성한 책무임을 확신하게 될 것이다.

_ 이선명 한국방송기자클럽 회장, 前 SBS뉴스텍 대표이사

차례

추천의 글 ···· 04
프롤로그_ 프로페셔널의 소명, 위기 돌파의 비책 ···· 10

제1부
왜 다시, 전쟁의 본성인가_ 전략의 기초: 『전쟁론』 사용 설명서

1장 200년의 지혜, 『전쟁론』을 펼치는 이유 ···· 17
2장 거인의 어깨 위에서_ 클라우제비츠의 삶과 사상 ···· 25
3장 위대한 설계도_ 『전쟁론』의 기본 구조와 핵심 논리 ···· 41

제2부
전쟁의 본질적 구조_ 국가는 왜, 어떻게 싸우는가

4장 전쟁이란 무엇인가_ 의지를 관철하는 폭력, 그 극단성을 향한 상호작용 ···· 59
5장 전쟁과 정치의 함수관계_ 전쟁은 다른 수단에 의한 정치의 연속이다 ···· 75
6장 전쟁을 지배하는 삼위일체_ 국민, 군대, 정부의 역동적 상호작용 ···· 87
7장 동맹과 집단안보의 논리_ 유럽의 천 년 역사가 증명하는 것 ···· 93

제3부
승리의 요건_ 마찰과 안개를 극복하는 군사적 천재와 그의 군대

8장 저항의 공간, 마찰의 세계_ 왜 마음먹은 대로 되지 않는가 ···· 111

9장 혜안과 결단력_ 어둠 속에서 어둠 속에서 진리의 빛을 좇는 힘 ···· 117
10장 군대의 정신 역량_ 지휘관의 재능, 군대의 무덕 그리고 국민정신 ···· 127

제4부

전략가의 사유법_ 전쟁 이론을 실전적으로 적용하라

11장 전쟁 이론의 역할과 한계_ 전쟁 이론은 전쟁터까지 동반하지 않는다 ···· 135
12장 전쟁술이란 무엇인가_ 군사전략과 외교전략은 2인용 자전거 ···· 143
13장 평화를 위한 배합의 지혜_ 승리는 수단이며 목적은 평화다 ···· 153
14장 창의적 기획_ 작전계획의 기계적인 생산을 거부하라 ···· 157

제5부

전략과 전술의 응용_ 중심, 배합, 그리고 무력 결전의 추구

15장 수세와 공세의 변증법_ 방어로 시작한 전쟁을 공격으로 종결한다 ···· 165
16장 중심을 식별하라_ 중심에 대한 중심의 타격은 승리의 근본 ···· 171
17장 전쟁술은 억제술_ 핵전쟁 문턱을 넘지 않도록 확전을 억제 ···· 179
18장 모든 배합의 기초, 무력 결전_ 평화를 이루는 결정적 요인 ···· 189

에필로그_ 강한 군대, 존경받는 국가로 가는 길 ···· 194
부록_『전쟁론』 ···· 210
참고문헌 ···· 256
주 ···· 258

프롤로그

프로페셔널의 소명,
위기 돌파의 비책

　이제는 바야흐로 인공지능^{AI}의 시대이다. AI와 기계^{Machine}의 진보가 세계 전쟁의 파괴력 이상으로 인류 사회의 놀라운 변동을 이끌 것이라는 전망이 지배적이다. AI의 본질이 도구^{Instrument}인가 행위자^{Agent}인가에 대한 논란도 뜨겁다. AI 시대에 우리는 어떤 인간의 길을 선택하여 어떻게 기계 문화$^{Machine\ Culture}$를 형성해야 하는지에 대한 집중적 탐구가 필요하다. 우리나라 역시 AI 기술을 개발하고 응용하는 분야에서 세계 3위의 강국이 되겠다는 야심 찬 비전을 보유하고 있다.

유발 노아 하라리Yuval Noah Harari 교수에 따르면, AI가 '비유기적 생명체'로서 기능하는 수준에 도달한다면, 전쟁 또는 전투 작전 상황에서 인간의 상황판단과 의사결정에 지배적인 영향을 미칠 날도 머지않다고 지적한다. 따라서 우리 인간이 AI의 운용자로서 지속 가능한 권위를 유지하며 역할을 수행하려면 꾸준히 공부하면서 개인의 이성 지능, 감성 지능, 사회 지능, 운동 지능을 갈고 닦지 않으면 안 될 것이다.

이러한 관점에서, 미래 AI와 공존해야 하는 인간의 존엄성, 윤리성, 창의성, 공감성은 더욱 중요한 가치를 지닌다. 그렇다. 우리 개개인은 이 세상에서 유일무이한 존재이며 그만큼 소중한 존재이다. 그러므로 그 존재의 소명도 특별하다.

김훈은 『칼의 노래』에서 성웅 이순신 장군의 소명 의식을 담담한 필치로 묘사한다. "대장선 갑판에 무릎을 꿇었다. 나는 빌었다. 무엇을 향해 빌었는지, 나는 빌고 있었다. 이제 죽기를 원하나이다. 하오나 이 원수를 갚게 하소서."

소명이란, 본디 종교적인 개념으로서 사람이 하느님의 일을 하도록 하느님의 부르심을 받는 것을 뜻한다. 직업적 소명이란, 개인뿐만 아니라 사회적·국가적 책임이 따르는 직업을 선택하여 그 가치에 몸과 정신과 마음을 다하는 태도라고 말할 수 있다.

어떤 사람은 자신의 직업을 단순히 돈을 벌거나 물질적 보상을 얻기 위한 수단으로 여기고, 어떤 사람은 자신의 직업을 소명으로 여긴다. 직업적 소명 의식을 지닌 사람은 자신의 직업 생활 속에서 자아를 실현하는 가운데 세상을 새롭게 열고 이롭게 만든다.

특히 장교의 삶은 직업적 소명 의식을 체화하고 '군사 전문 직업주의'Military Professionalism 문화를 창달하는 여정이며, 그러한 노력을 통해 국가가 부여해 준 국가 이익을 보호하고 국가 안전을 보장하는 사명을 완수하는 길에 앞장설 수 있다.

대한민국은 자유민주주의 국가이다. 우리가 자유민주주의 가치와 이상을 꽃피우려면 어떤 위협으로부터도 국민의 생명과 재산을 안전하게 지킬 수 있어야 한다. 국가 안전보장은 현명한 국민과 통찰력을 지닌 국가지도부, 그리고 그 국민과 국가지도부가 길러낸 애국적이고 유능한 군사전문 집단이 삼위일체를 이뤄 감당해야 하는 신성한 책무임을 되새기고자 한다.

막스 베버$^{\text{Max Weber}}$는 『소명으로서의 정치』에서 나와 우리의 가치를 따르는 '신념 윤리'와 그 실행의 결과에 역사적 책임을 지는 '책임 윤리'를 변증법적으로 조화시켜야 한다고 역설했다. 국내외 정세가 격동하는 지금처럼 신념을 지키고 책임을 다하는 국가지도부의 믿음직한 리더십이 이토록 절실했던 적이 있었는가? 100여 년 전, 위대한 선각자가 남긴 저 큰 외침이 새삼 더욱 무겁게 다가온다.

이 책 『전쟁을 알아야 평화를 이룬다』를 세상에 내놓을 수 있도록 지혜와 용기를 주신 하느님께 감사드린다. 나의 과거는 하느님의 자비에, 현재는 하느님의 사랑에, 미래는 하느님의 섭리에 온전히 맡기고자 한다.

제1부
왜 다시, 전쟁의 본성인가

_ 전략의 기초: 『전쟁론』 사용 설명서

200년의 지혜, 『전쟁론』을 펼치는 이유

우리가 AI 및 디지털 시대를 열었지만, 전쟁과 평화는 양극성의 함수관계에 놓여있고 여전히 인류 역사를 관통하는 주제이다. 전쟁을 알아야 평화가 보이고 평화를 이룰 수 있다는 것은 자명한 이치이다. 전쟁의 본성을 알고 전쟁에 대비해야 전쟁을 억제하여 평화를 지키고 만들어 나갈 수 있다. 전쟁을 하지 않으려면 전쟁을 할 수 있어야 한다는 역설은 동서고금의 보편적 진리이다.

오직 평화적 수단으로 평화를 이룬다는 도그마에 빠져 전쟁과 평화의 상관관계를 무시한 채 전쟁 전략적 사고와 군사전략적 접근을 경시하는 풍조는 위험하다. 불가측성이 높은 북한의 위협과 동아시아의 지정학적 리스크를 관리하기 위해 우리 모두의 지혜를 합쳐도 적절한 해법을 찾기 어려운 현실에서, "나는 평화론자, 너는 전쟁론자"라는 이분법적 논리는 한반도의 '불안정한 평화'를 더 위험에 빠뜨릴 뿐이다.

국가다운 국가의 군대다운 군대에는 '군사 전문 직업주의'Military Professionalism 문화가 살아 숨 쉬어야 한다. 이를 위해 우리 사회와 군대는 '군사 전문 직업주의'의 원리를 어떻게 이해하고 수용하여 실천해야 하는가? 무엇보다 우리는 자유민주주의 정치체제 보존, 문민 우위 원칙과 정치적 중립 의무 준수, 인권 및 개성 존중 등 헌법적 가치를 수용하면서, 국가 방위에 대한 사회적 책임 의식, 군사 전문 역량 계발 및 태세 유지, 조합 지성과 헌신이 내재한 집단전투력 발휘, 명령과 복종의 원리와 한계 등의 고유한 군사적 가치를 시대정신의 흐름 속에서 시대정신에 맞게 구현해야 할 것이다.

'군사 전문 직업주의' 전통과 문화를 계승하고 창달하는 노력은 전쟁의 본성과 실상을 올바로 파악하는 데에서 출발한다. 전쟁을 성공적으로 억제하고 전쟁에서 승리하려면,

정치지도부는 전쟁의 속성을 고려하여 국가 전략 차원에서 외교, 국방, 경제 이익 등의 관점에서 군사적 문제를 제기할 책임이 있다. 군사지도부와 장교단은 고유의 군사적 가치, 미래 전쟁의 억제와 수행 태세, 전투 작전의 능률 등을 논거로 비판적 견해를 피력하는 책임을 다할 수 있어야 한다.

이러한 맥락에서 클라우제비츠의 『전쟁론』은 비록 200여

클라우제비츠의 『전쟁론』 초판본

년 전에 출간되었지만, 여전히 우리에게 전쟁에 관한 진리를 깨닫고 '군사 전문 직업주의'의 철학적 명제를 파악하도록 이끌어주고 자극해 주는 고전 중의 고전이다. 『전쟁론』은 현재적 의미를 지닌 전쟁 이론서로서 역사적 가치가 높다. 클라우제비츠가 정립한 본래적 명제들은 우리가 살아가는 핵무기 시대의 복잡한 성격을 띤 전쟁의 구조와 전쟁술에 관한 논리를 나누며 해법을 마련하는데 필요한 논리적 근거를 제공하고 있다.

『전쟁론』은 전쟁의 물리적 현상뿐만 아니라 그 안에 내재한 정신적 원인과 결과를 철학적 사유의 논리로 통찰하는 과학적 방법론을 가르쳐 주고 있다는 점에서 같은 시대의 유명한 군사이론가였던 조미니Antoine-Henri Jomini가 저술한 『전쟁술』이 이론적 간결성과 명확성 면에서 평가를 받는 것과는 선명한 대조를 이룬다. 왜냐하면 클라우제비츠의 『전쟁론』은 당대 철학·역사학·정치학·물리학·군사학의 방법론을 적용하여 전쟁의 구조와 본질을 밝혀낸 최초의 전쟁 이론서이기 때문이다.

그동안 『전쟁론』만큼 많은 이들의 주목을 받았던 저작도 드물다. 예컨대 헬무트 폰 몰트케Helmut von Moltke, 블라디미르 레닌Vladimir Lennin, 바실 헨리 리델 하트Basil Henry Liddell Hart, 레몽

아롱Raymond Aron, 존 프레더릭 찰스 풀러John Frederick Charles Fuller, 버나드 브로디Bernard Brodie, 허먼 칸Herman Kahn, 베르너 할벡Werner Hahlweg, 피터 파렛Peter Paret 등 유수한 군인, 정치인, 학자들이 클라우제비츠를 비판하고 해석했다.

몰트케는 클라우제비츠가 베를린 전쟁학교장으로 재직할 때 학생 장교로서 클라우제비츠의 사상을 배우며 그를 존경하게 되었다. 『전쟁론』이 몰트케 시대에 들어서 프로이센 군사교육의 핵심 교과서로 채택되어 클라우제비츠식 사고와 태도를 가르치는 데 활용한 사실은 결코 우연이 아니었다. 이러한 이유에서 『전쟁론』은 프로이센이 1864년 덴마크와의 전쟁과 1866년 오스트리아와의 전쟁에 이어, 1870년과 1871년 프랑스와의 전쟁을 잇달아 승리로 이끄는 원동력이었다는 평가를 받는다. 프랑스는 이 전쟁에서 패배한 후 프로이센군을 본보기로 군대의 지휘 및 부대구조 재편, 장군 참모 제도 신설, 고등전쟁학교 설립 등의 개혁적 조치를 단행하기도 했다.

이러한 긍정적 흐름과 달리, 어떤 명제에 대해서는 앞뒤 맥락을 제대로 파악하지 못해 빚어진 오류가 있었고[1], 어떤 명제는 사회주의 혁명전쟁을 정당화하려는 목적으로 왜곡·선전되기도 했다.[2] 그러나 20세기에 들어서 브로디, 칸,

할벡, 파렛 이후에는 더 이상 편협된 시각이나 단순한 독해의 문제에서 비롯된 소모적 논쟁은 거의 사라졌다. 브로디는 '미국의 클라우제비츠'라고 불릴 정도로 클라우제비츠를 숭배했으며, 『전쟁론』의 핵심 명제들을 그 의미에 맞게 적용하여 핵 억제전략 이론을 세웠고, 칸은 『전쟁론』의 '제1편 1장 전쟁이란 무엇인가?'에 수록된 확전의 원리를 기저로 핵 시대에 인류가 직면할 수 있는 위기와 전쟁의 스펙트럼 전체를 그 강도에 따라 44개 단계로 체계화하는 데 성공했다.

이제 클라우제비츠의 『전쟁론』에서 어떤 명제들이 현재적 의미를 지니고 있는지에 우리의 시선을 집중할 필요가 있다. 어떤 명제들이 현재는 물론 미래 전쟁에서 적용해야 하는 국가정책·군사전략·작전술·전술의 원형적 원리인가? 그리고 현재적 가치를 지닌 일련의 명제와 원리를 어떻게 미래 전쟁 억제와 전쟁 수행 과정에서 응용할 것인가? 그 해답을 구하는 과정이 우리 군대와 사회에 '군사 전문 직업주의'를 정착시키는 노력의 근간을 형성할 것이다.

오늘날 『전쟁론』은 우리에게 생생한 가르침을 주고 있다. 클라우제비츠가 야심 차게 예언한 대로, 『전쟁론』은 "2년~3년이 지나도 잊히지 않는 책, 전쟁 연구에 관심을 가진 사람들이라면 최소한 한 번 이상 읽는 책" 그 이상으로 사랑받았고 사랑받을 것으로 확신한다.

클라우제비츠의 참된 명제들을 되살리기 위해 새벽 기운에 깨어난 어느 한 군인의 작은 행로가 우리 사회와 군대의 구성원이 전쟁과 평화에 관한 성숙한 담론을 자유롭게 나누는 데 웃거름 또는 밑거름이 되었다고 넉넉히 여겨주기를 기대한다.

2장

거인의 어깨 위에서
_ 클라우제비츠의 삶과 사상

카를 필립 고트프리드 폰 클라우제비츠^{Carl Philipp Gottfried von Clausewitz}는 1780년 6월 1일 프로이센의 수도 베를린 남서쪽 약 150Km 지점에 있는 마그데부르크^{Magdeburg} 인근의 작은 도시 부르크^{Burg}에서 태어났다.

할아버지 베네딕트 고트로브 클라우제비츠^{Benedikt Gottlob Clausewitz}는 루터교 목사의 아들로서 할레^{Halle} 대학의 유명한 신학 교수였으며, 아버지 프리드리히 가브리엘 클라우제비츠^{Friedrich Gabriel Clausewitz}는 프리드리히 대왕 시대 프로이센군軍의 기수생도^{Fahnenjunker}로 7년 전쟁에 참전하고 소위로 전역할 때까지 병영에서 생활했다. 그 후 그는 세무관료로 일했고 행정관료의 딸인 프리데리케 슈미트Friederike Schmidt와 결혼했다. 카를의 부모는 8명을 낳았지만, 그중에서 4명의 아들과 2명의 딸만 생존하여 카를은 6명의 형제자매 중 넷째 아들이었다. 이러한 가정환경에 비춰보면, 카를 폰 클라우제비츠는 선대로부터 이어지는 귀족, 성직자, 군인, 행정관료의 직분에서 사회적 책임을 맡았던 가풍 속에서 자랐다고 볼 수 있다.[3]

클라우제비츠는 1792년[12세] 아버지의 뜻에 따라 둘째 형과 셋째 형의 뒤를 이어 병영 도시였던 노이루핀Neuruppin의 프로이센군 제34보병연대에 소년병Gefreitekorporal으로 입대했다. 훗날 그는 부인 마리 폰 브륄Marie von Brühl에게 보낸 편지에서[1821년], "부모님 곁을 처음으로 떠난 슬픔은 충격적 기억으로 평생 남아 있다"라고 마음이 아팠던 어린시절을 술회했다.[4]

그는 낯선 병영 내에서 부모의 도움 없이 홀로서기를 해야 하는 고통 속에서 무언가를 동경하며 현실적 불안감을 이겨내고자 했을 것이다. 그 과정에서 자기 내면을 깊이 관조하며 사유하는 자아自我를 기를 수 있었을 것이다.

1793년[13세] 그는 프랑스군과 맞섰던 라인란트Rheinland의 마인츠Mainz 전투에 기수생도Fahnenjunker로 참전하여 1795년까지 전선에 머물렀다. 훗날 그는 연인 사이가 된 마리에게 보낸 편지에서1807년, "국가의 운명이 결정되는 전쟁에 참전하면서

클라우제비츠 ⓒWilhelm Wach

세상으로 나아갔다"라고 생전 처음 전쟁터에 나선 감격을 회상했다. 피터 파렛Peter Paret의 추론에 따르면, 클라우제비츠는 이 참전을 계기로 전쟁을 정치적 현상으로 인식하기 시작했다.

1795년[15세] 그는 라인란트 전장에서 돌아온 후 소위로 임관했고, 그로부터 1801년[21세]까지 약 6년 동안 노이루핀 병영에서 생활했다. 그는 1799년[19세]부터 프로이센 왕실의 승락을 받아 제34보병연대 본부 예하에 편성된 특별중대에서 생도수업을 받았다. 수업 과목은 산수, 기하, 역학, 독도법, 자연 및 정치 지리, 역사, 작문 등이었고, 수업 시간은 주당 15시간이었다.

클라우제비츠와 같은 세대의 장군 130명 중, 17명은 16세~20세, 15명은 15세, 85명은 12세~14세, 13명은 9세~11세에 각각 지역별 위수 연대로 입대하여 복무하다가 우수한 군인 적성과 능력을 인정받아 생도수업을 받았다. 클라우제비츠는 12세에 군대에 입문했던 다수 그룹에 포함되어 있었음을 알 수 있다.[5]

클라우제비츠는 1801년 말 대위로 진급하던 해, 노이루핀을 떠나 게하르트 폰 샤른호르스트Gehard von Scharnhorst 중령이 창설한 베를린 전쟁학교Kriegsschule에 입교하여 3년 동안 장교

수업을 받았으며 수석으로 졸업했다.[6] 이 기간에 샤른호르스트 학교장과 클라우제비츠 학생 장교 사이에 형성된 스승과 제자의 관계는 1809년 클라우제비츠가 샤른호르스트 참모총장을 보좌하며 프로이센군 개혁을 주도적으로 기획하고 추진하던 시기에 아버지와 아들의 관계로 발전했다.[7] 현재 독일 연방군Bundeswehr은 클라우제비츠와 샤른호르스트가 기획하고 추진했던 프로이센군의 개혁 정신과 제도를 독일 군사軍事의 뿌리로 존중하며 계승하고 있다. 독일군 장교단은 샤른호르스트를 탁월한 리더십을 갖춘 지휘관의 본보기로 클라우제비츠를 빼어난 장군참모장교Generalstabsoffizier의 표상으로 추앙하고 있다. 『군인과 국가』The Soldier and the State를 저술한 새뮤얼 헌팅턴Samuel P. Huntington은 우리가 지향하는 군사 전문 직업주의Military Professionalism 문화의 기원은 프로이센 개혁 시대의 철학과 제도에서 찾아야 한다고 밝히고 있다.[8]

프로이센과 독일의 역사에서 1806년 가을의 예나Jena와 아우어슈테트Auerstedt 전투가 갖는 의미는 특별하다. 이 결정적 전투에서 프로이센군은 나폴레옹이 이끄는 프랑스군에게 충격적 참패를 당해 국권을 상실했다. 당시 클라우제비츠는 아우구스트 왕자가 지휘하는 보병대대의 참모장으로서 프로이센 주력부대의 우익에서 용맹스럽게 싸웠지만 프랑스군의 정신적 기세와 전술적 우위에 눌려 패퇴할 수밖에 없었다.

이후 클라우제비츠는 아우구스트 왕자와 함께 볼모로 잡

마리 폰 클라우제비츠

혀 프랑스 낭시Nancy에 10개월 동안 억류되어 있다가 1807년 11월 베를린으로 귀환한다.[9] 그해 겨울 클라우제비츠는 억류 생활 동안 집중적으로 관찰하고 사유했던 결과를 토대로 프랑스인의 국민성과 독일인의 국민성을 비교 분석한 논문을 발표했다. 여기서 그는 실용적으로 사고하는 프랑스인이 이상을 추구하며 정신적 풍요를 누리는 독일인에 비해 힘의 우위에 있다고 평가하며, 이 특징은 로마인과 그리스인의 관계와 비례적 대칭을 이룬다고 주장하기도 했다. 이러한 양국의 국민성 비교는 빌헬름 폰 훔볼트Wilhelm von Humboldt나 요한 피히테Johann Fichte의 주장과 그 맥락이 닿아 있다.

클라우제비츠는 소령으로 진급하던 해인 1810년 마리 폰 브륄Marie von Brühl과 결혼했다. 마리와의 첫 만남은 1803년 12월 아우구스트 왕자의 전속 부관 임무를 수행하던 때 이루어졌다. 그는 마리를 세 번째 만났을 때부터 이상형의 배우자로 여겼고, 둘은 결혼하기까지 약 7년 동안 만나서 대화하거나 편지를 나누면서 사랑을 키웠다. 마리는 할아버지가 1740년~1750년 작센Sachsen의 총리였고, 아버지 찰스 폰 브륄Charles von Brühl은 육군 중장으로서 프로이센 왕세자Friedrich Wilhelm 2세의 부육관傅育官이었을 만큼 고위 귀족 가문의 규수였다.

클라우제비츠는 1810년 참모총장 샤른호르스트의 수석 부관 겸 전쟁학교의 전략학 교관으로 재직하면서 프리드리히 빌헬름Friedrich Wilhelm 왕세자[10]에게 주 3회 전략과 전술, 전쟁 이론과 실제, 전쟁 양상, 제병과 편성, 전쟁사, 전투 교리, 전투대형, 소부대 전술 등에 관해 가르쳤다. 이와 병행하여 클라우제비츠는 전쟁학교 학생장교들에게 국민 전쟁 시대에 새로운 연구 대상으로 부상한 군사전략을 강의했다.

이러한 역할과 병행하여 그는 총참모부에서 샤른호르스트의 지휘 업무를 직접 보좌했다. 샤른호르스트는 새로운 전쟁 양상에 맞춰 프로이센군의 지휘 체계를 새롭게 정립하는 데 심혈을 기울였다. 그 대표적인 조치로서, 모든 부대가 총참모부의 지휘 의도 구현에 수렴하는 개별 작전을 수행하도록 장군 참모 제도Generalstab를 발전시켜 총참모부와 예하 장군급 지휘관의 참모부들 사이의 소통과 협업 체계를 확립한 것을 들 수 있다. 1811년 2월 클라우제비츠는 군사개혁위원회위원장: 샤른호르스트 참모장 직책을 수행하는 동안 보병과 포병 협동 지휘 및 운용에 관한 교범을 집필하기도 했다. 이러한 이유에서 독일 군인들은 클라우제비츠를 장군 참모 제도의 스승이요 장군 참모장교의 본보기로 여기고 있다.

이 무렵 클라우제비츠는 프랑스에 복속되어 국권을 상실한 프로이센군에서 복무를 지속하며 나폴레옹에 충성하는 것은 프로이센인에게 치욕이고 군인의 본분에 어긋난다고 여겼다. 그는 조국의 해방을 쟁취하려면 주변국과 동맹을 맺어 힘을 합쳐야 한다는 신념으로 러시아군으로 이적을 결심한 후 1812년~1813년 러시아군 소속 참모장교로서 조국 프로이센의 독립을 준비했다.

이 기간에 그는 프로이센, 러시아, 영국이 타우로겐Tauroggen 협약1812년을 체결하여 동맹을 결성하는 과정에서 탁월한 외교 역량을 발휘했다. 이 동맹군은 1813년 라이프치히Leipzig와 1815년 워털루Waterloo에서 결정적 전투를 승리로 이끌며 나폴레옹을 축출할 수 있었다.[11]

1813년 가을 라이프치히 전투에서 패배한 후 나폴레옹은 엘바Elba섬으로 유배되는 운명을 맞이하게 되었다. 이 결정적 전투에서 클라우제비츠 중령은 주력 작전이 아닌 조력 작전 임무를 수행해야 했다. 왜냐하면 프로이센 국왕 프리드리히 빌헬름 3세가 왕실과 정부의 무능함을 신랄하게 비판하며 개혁을 요구해 온 클라우제비츠를 미워하고 배척했기 때문이다.[12]

클라우제비츠 중령은 조력 작전 부대인 발모덴Wallmoden 군단의 참모장으로서 엘베^{Elbe}강 도하작전에 이어 괴르데^{Göhrde,} $^{라이프치히\ 서북부}$ 공격작전에서 세운 전공을 인정받아 대령으로 진급했다. 발모덴 군단의 성공적 작전 수행으로 말미암아 프로이센 북부 야전군 전체는 북부 독일에 배치된 프랑스군 전투력을 샤흐^{Schach}에서 저지하여 베를린을 방어할 수 있었고, 이어서 남쪽으로 기동하여 라이프치히에 배치된 나폴레옹의 주력부대에 심대한 압박을 가하는 데 성공했다.

1815년 여름 워털루 전투에서 클라우제비츠 대령은 요한 아돌프 폰 틸만$^{Johann\ Adolph\ von\ Thielmann}$ 휘하 프로이센 제3군단에서 참모장 역할을 수행했다. 이 3군단은 최초 프로이센군 방어 지대의 좌측^{동쪽}에 배치되어 게프하르트 레베레히트 폰 블뤼허$^{Gebhard\ Leberecht\ von\ Blücher}$ 휘하 프로이센군 주력부대의 측·후방 병참선을 엄호하는 작전을 수행했다.

이 작전에서 클라우제비츠는 책임지역의 중앙부가 돌파되어 고립될 위험에 직면한 예하 부대들이 조직적으로 후퇴하여 전투력을 보존하면서 새로운 방어선을 구축하도록 작전을 주도했다. 그 결과, 블뤼허 휘하 프로이센군 주력이 북서쪽의 브뤼셀 방향으로 기동하여 웰링턴^{Wellington} 휘하 영국군과 합류하는 데 성공함으로써 전장 운영의 주도권을 확보할 수 있었다.

새로운 방어선을 구축한 클라우제비츠의 3군단은 전략적 예비대로서 추후 결정적 전투에 투입할 준비 태세를 갖춘 상태에서, 프랑스군의 측방과 후방에서 다양한 소부대들을 분산 운용하여 나폴레옹 휘하 전체 전투력의 1/3을 고착 견제하는 효과를 거두었다.[13]

이처럼 유기적으로 협조된 작전으로 프로이센군은 최초 계획했던 병참선을 포기하는 대신 프랑스군 작전 행동의 자유를 빼앗으면서 대對프랑스 동맹군이 최종 승리를 결정짓는 데 기여했으며 마침내 나폴레옹은 패배를 인정하고 세인트 헬레나Saint Helena 섬에 유배되었다.

1813년 샤른호르스트의 사망과 1815년 나폴레옹의 몰락은 클라우제비츠에게 커다란 충격을 준 사건이었다. 클라우제비츠에게 샤른호르스트는 존경하는 정신적 아버지이자 평생의 동반자였고, 나폴레옹은 증오하지만 경외하는 대상이었기 때문이다. 천재적 역량으로 세상을 움직였던 두 위대한 인물의 잇따른 부재는 오히려 클라우제비츠가 홀로서기를 통해 더 자주적이고 신념에 찬 논리로 프로이센의 국방과 군사에 관해 성숙한 주장을 펼치는 계기를 마련해 주었다.

나폴레옹 해방전쟁이 종료된 1815년 가을, 클라우제비츠는 프로이센군의 재편성 계획에 따라 아우구스트 폰 그나이제나우August Neidhardt von Gneisenau가 지휘하는 코블렌즈 소재 라인Rhein 총사령부의 참모장으로 보직되었다. 이후 1830년 12월 그나이제나우가 지휘하는 최고사령부의 참모장으로 중용될 때까지 왕실과 귀족이 중심을 이룬 보수파가 국정을 주도했다. 이러한 상황에서 클라우제비츠는 그나이제나우를 비롯한 개혁파 군인들과 슈타인Heinrich Friedrich Karl von Stein 수상을 비롯한 개혁파 정치인들과 함께 군대와 국가 경영에서 소외되어 한직에 머물 수 밖에 없었지만, 불행 중 다행으로 그가 천착해오던 전쟁 이론과 역사 연구에 집중할 수 있었다.

1818년 봄 클라우제비츠는 빌헬름 폰 훔볼트Wilhelm von Humboldt의 뒤를 이어 프로이센의 외교정책을 대표하고자 런던 주재 대사직을 희망했지만, 프리드리히 빌헬름 3세와 보수파의 거센 반대에 부딪쳐 뜻을 이루지 못했다. 1822년~1823년 크리스티언 귄터 베른슈토르프Christian Günther von Bernstorff 외교부 장관이 클라우제비츠를 뮌헨 주재 대사와 코펜하겐 주재 대사로 천거했지만, 프리드리히 빌헬름 3세는 클라우제비츠의 선명한 자유주의 성향을 문제 삼아 끝내 임명을 거부했다.

1818년 가을 클라우제비츠는 소장으로 진급했고, 12월 성탄절에 베를린 전쟁학교장으로 보직되었다. 이때부터 그는 12년 동안 『전쟁론』 원고 작업에 몰입했으며, 같은 시기에 학교 교수로 재직 중인 물리학자 파울 에르만[Paul Erman], 지리학자 카를 리터[Carl Ritter], 문화사학자 구스타프 쾨프케[Gustav Köpke] 등의 학자들과 가깝게 교류하면서 전쟁 이론을 논리적으로 구성하는 데 필요한 과학적 사유 방법론을 익힐 수 있었다.

1829년 클라우제비츠는 열망했던 보병 또는 기병사단장 역할을 맡지 못하고 자신의 청년 장교 시절 인연을 맺었던 아우구스트 왕자가 지휘하는 포병사령부 예하 제2포병여단장으로 보직되었다.

1815년 나폴레옹 해방전쟁 종료 직후 오스트리아, 영국, 프랑스, 러시아, 프로이센 사이에 절대 왕정 체제로의 복고를 지향하는 빈 체제[Wiener System]가 성립되었다. 유럽을 지배하는 군주들과 귀족들이 결합하여 1789년 프랑스 혁명을 계기로 유럽 대륙으로 확산하던 자유주의와 국민주의 물결을 억압했지만 1830년 프랑스에서는 7월 혁명이 일어나고 벨기에와 폴란드에서 민중 봉기가 이어지며 빈 체제는 심각하게 동요했다.

이즈음 프로이센은 러시아를 도와 폴란드의 민중 봉기를 진압하기 위해 군사력을 투입하기로 결정한다. 1830년 12월 프로이센 왕실은 그나이제나우 원수를 최고사령관으로 임명하고 그의 지휘 아래 전체 병력 약 145,000명 규모로 4개 군단을 편성하여 폴란드 전선에 투입했다.

클라우제비츠는 그나이제나우의 간청에 따라 최고사령부의 참모장 임무를 맡았다. 그는 폴란드 진압 작전계획은 물론, 프랑스와의 전쟁 가능성에 대비한 전쟁 계획을 수립하여 카를 에른스트 폰 비츠레벤Karl Ernst von Witzleben 전쟁부 장관과 프리드리히 빌헬름 3세의 승인을 받기도 했다.

최고사령관 그나이제나우는 클라우제비츠를 천재성과 진실성, 그리고 열정적 논리를 바탕으로 최고의 문제의식과 확고한 신념을 지닌 인물로 극찬하며 중장 진급과 동시에 참모총장Chef des Generalstabs에 중용돼야 한다고 건의했지만 프로이센 국왕은 이 건의 역시 수락하지 않았다.

1831년 8월 포젠Posen에서 클라우제비츠는 콜레라로 인한 그나이제나우의 죽음을 애도했다. 폴란드 작전이 끝난 9월, 클라우제비츠는 베를린으로 귀환한지 얼마 지나지 않아 전장에서 감염된 콜레라로 지병이 악화되었고, 결국 11월 16일 마리 여사의 품에서 질풍과 노도와 같은 51년의 삶을 뒤

로하고 세상을 떠났다.

　클라우제비츠는 진정한 애국자였다. 그는 시대 이념을 초월하여 프로이센의 이상적인 군사체제와 국가체제를 연구하고 설계하고 실천하는 데 평생을 바친 창조적 군인이었다.

위대한 설계도
_『전쟁론』의 기본 구조와 핵심 논리

『전쟁론』은 클라우제비츠의 유작으로서, 1832년에 처음으로 햇빛을 보았다. 그는 청년 장교 시절부터 모든 분야에 이론이 존재하는데, 전쟁에 관한 과학적 이론이 부재하다는 비판 의식을 바탕으로 전쟁과 군사 문제에 관해 많은 저술을 남겼다. 클라우제비츠 자신의 전쟁에 관한 사색과 체험은 물론, 전쟁을 지도한 군인과 정치가들과의 공동 노력, 선대 전략사상에 관한 학습, 여러 학문 연구에서 일가를 이룬 학자들과의 교류 활동 등이 그가 새로운 전쟁 이론을 정립하는 데 소중한 자양분이 되었다.

클라우제비츠는 전쟁의 구조와 전쟁을 구성하는 요소가 지닌 본성과 본질을 파악하는 과정에서 철학·역사학·정치학·수학·물리학·군사학적 이론과 논리들을 적절하게 응용했다. 『전쟁론』$^{Vom\ Kriege}$은 평생 그가 사유한 주제와 집필한 논문들을 하나의 이론서로 집대성한 결과물로 볼 수 있다.[14] 그는 『전쟁론』 저술을 통해 전쟁의 개별 요소와 개별 부분을 고찰하고, 이어서 전쟁을 구성하는 요소와 부분들 사이의 내적 연계를 유지하며 전쟁 전체의 구조를 고찰하고자 했다. 즉 단일한 대상에서 복합적인 대상 순으로 관조한 것이다.

클라우제비츠는 국가 안위를 지키는 책무를 다하면서 전쟁을 연구하는 데 평생을 바쳤다. 『전쟁론』은 그의 치열한 삶의 기록이다. 그는 1793년 13세가 되던 해 프로이센군 제34보병연대 기수 생도^{Fahnenjungker}로서 프랑스군과 맞선 마인츠^{Mainz} 전투에 최초 참전한 이래, 나폴레옹 보나파르트의 유럽 정복 전쟁$^{1797년~1815년}$ 기간 내내 그 실전 상황의 시작과 끝을 현장에서 관찰하고 체험할 수 있었다.

『전쟁론』에 담긴 이론과 원리의 실증적 논거는 프로이센-독일 역사 속에서 유일하게 대왕으로 추앙받는 프리드리히 2세$^{Friedrich\ der\ Große}$가 이끈 전쟁 양상부터 프랑스 대혁명

나폴레옹이 러시아 원정에서 벌인 〈보로디노 전투〉. 클라우제비츠는 러시아군 소속 참모 장교로서 나폴레옹 군대와 맞서 싸웠다. ⓒLouis Lejeune

의 전환기에 나폴레옹 보나파르트가 이끈 국민 전쟁 양상까지 클라우제비츠가 관찰하고 체험한 결과에서 추출된 것이었다.[15]

프로이센이 1806년 예나-아우에르슈테트[Jena-Auerstedt] 전투에서 프랑스에 참패하여 국권을 빼앗긴 후, 영국·러시아 등과의 동맹 체제 결성을 통해 워털루에서 최종 승리하여 국권을 되찾을 때까지, 클라우제비츠는 주요 사령부의 전투 참모단 내에서 지휘 및 참모 활동을 주도했다. 그는 실전 상황에서 전투 작전의 계획-준비-실행-평가의 순환적 활동의 중심에 있었고, 전체 전쟁은 물론 주요 전투 작전 단위의 원인-경과-결과를 비판적으로 논술했다.

클라우제비츠는 이미 청년 장교 시절 발표한 여러 논문에서 『전쟁론』에 수록된 중요한 주제들을 다루었다. 1804년 24세 "전략은 전쟁 목적 달성을 위한 개별 전투의 배합에 관한 가르침, 전술은 개별 전투에 관한 가르침"이라는 요지의 논문을 발표했다. 당시 그가 정의한 전략과 전술의 개념은 지금도 유효하다. 그때까지는 하인리히 폰 뷜로우[Heinrich von Bülow] 장군의 정의, 즉 "전략은 적의 야포사정권 및 가시권 밖의 기동에 관한 가르침, 전술은 그 안의 기동에 관한 가르침"이라는 기하학적 통념이 지배하고 있었다.[16]

그는 『전쟁론』의 대표적 명제인 절대적^{이론적} 전쟁과 현실적 전쟁의 관계를 비교 논술했다. 즉, 이론이나 관념의 영역에서 전쟁은 폭력의 극단적 운용으로 치닫지만, 이러한 전쟁의 본질적 성향은 현실적 고려에 의해 제약되고 완화된다는 논리였다.

클라우제비츠의 연구는 국가 권력의 여러 표현 형태 중 하나인 전쟁 그 자체에만 머물러 있지 않았다. 그는 프로이센 시대의 국가와 국방, 정치와 군사, 전쟁 역사와 전쟁 교리 등에 관해 심층 연구하여 국민전쟁 시대에 걸맞는 전쟁이론을 정립함과 동시에, 국가체제에 관해서는 역사가 겸 비평가로서 비판적 연구에 정진하여 독일의 민족국가 형성과 선진적 정치 및 군사제도의 발전에 이바지했다.

클라우제비츠는 국가를 의인화하여 국가의 운명과 자기의 운명을 동일시했던 군인이었고 조국 프로이센의 중흥을 역사적 과업으로 간주했다. 이를 위해 그는 고대로부터 나폴레옹 시대까지의 역사 연구를 통해 정치의 역량이 국가와 국민 행동의 근저를 이룬다는 교훈을 얻었다. 또한 그는 전쟁을 승리로 이끌려면 국민의 국가 의식을 고취해야 하고 프로이센 왕정의 국가 경영체제를 변혁해야 한다고 강조했다.

클라우제비츠는 강한 국가, 강한 군대로 거듭나는 데 필요한 비전과 프로그램을 상소문, 기고문, 서간문 등 다양한 형태로 제안했다. 그의 대표적 개혁 구상은 미래 전쟁에 대비한 국민개병제도의 도입, 평민에게 장교단 진출 문호 개방, 상비군 및 예비군제도의 병립 운영, 외부 침략으로부터 국가를 자주적으로 방위할 수 있는 수준의 군사력 건설, 적국에 대한 공세 동맹 체제 결성과 연합 군사력 준비 등을 포괄하고 있다.

『전쟁론』Vom Kriege; On War에 기술된 전쟁의 본성과 구조를 통찰하는 방법론은 클라우제비츠와 같은 시대에 살았던 임마누엘 칸트Immanuel Kant, 요한 피히테Johann Fichte, 프리드리히 헤겔Friedrich Hegel로 이어지는 관념 철학의 방법론에 뿌리를 두고 있다. 피히테는 칸트의 비판철학을 계승하여 독일 이상주의 운동을 창시했고 자아의식self-consciousness의 본성을 최초로 통찰했으며, 헤겔은 정正-반反-합合 논리를 대표하는 철학자였다. 클라우제비츠는 전쟁학교에서 칸트의 제자였던 요한 키제베터Johann Kiesewetter로부터 칸트 철학을 배웠다.

클라우제비츠는 『전쟁론』의 여러 장·절에서 변증법적 논리와 삼위일체적 논리를 반복적으로 적용하여 전쟁 또는 전투 작전 양상을 묘사하고 분석하며 새로운 이론의 틀을 세우고자 했다.

예컨대 우리의 승리를 확증하기 위한 척도로서 ①적의 물질적 역량에 얼마나 손실이 발생했는가 ②적의 정신적 역량에 얼마나 타격을 입혔는가 ③적이 자신의 의도를 포기하기로 결정했는가 등 세 가지가 제시된다.

이어서 우리 전투 작전의 성과를 평가하는 요소로서 ①적 장군의 심리적 상태 ②적 부대의 사상자 규모 ③적 장군이 포기하는 이유 등 세 가지가 열거되면서, 결과적으로 이 세 가지 요소가 ①적 장군 ②적 국가 ③적국의 전쟁 수행 과정 등에 어떤 변화와 영향을 미쳤는가를 추론하도록 제시된다. 이처럼 세 단계를 연쇄적으로 평가하는 기본 틀을 토대로 각 단계에서 세 가지 요소를 평가한 결과를 모아 최종 판단에 이르게 되는, 이른바 '3·3·3 규칙'을 발견할 수 있다.

이 책의 전체 구성을 살펴보면, 하나의 전쟁이 어떤 개별 요소로 구성되는가, 그 개별 요소들 사이의 상호작용은 어떻게 일어나는가, 그 개별 부분은 물론, 그 개별 부분 사이의 상호 관계는 전쟁 전체에 어떤 영향을 미치는가 등에 관해 목적과 수단의 연관성의 관점에서 명료하게 밝혀주고 있다.

클라우제비츠는 『전쟁론』의 '머리말'에서 전쟁의 현실을 이해하도록 정의하는 것은 전쟁 이론의 과제로서, 전쟁의 현실은 물리적·심리적·정신적 현상들로 구성되어 있으며, 역사적 발전을 이뤄나가는 이 현상들을 우리가 일상 속에서 맞서고 있다고 설파했다. 그는 『전쟁론』의 '알리는 글'에서 이 책이 군인은 물론, 정치가와 전략가를 비롯한 국가정책 책임자들이 전쟁에 관한 문제들을 해결하는 데 도움이 될 것으로 기대했다.

『전쟁론』은 전체적으로 8개 편 125개 장으로 구성되어 있으며, 클라우제비츠가 유일하게 완성했다고 간주한 '제1편 전쟁의 본성 1장 전쟁이란 무엇인가'를 제외한 다른 편篇과 장章들은 개작을 통해 논리와 표현을 더 보강하고자 했던 미완성 유작이다.

'제1편 1장 전쟁이란 무엇인가'는 전쟁의 근본이 되는 28개의 강령명제을 정의하고 그 명제들의 상호 연관성을 규명하고 있다. 1번부터 28번까지 일련번호를 부여하는 논술 형식은 몽테스키외의 『법의 정신』 1748년을 닮았다. 클라우제비츠는 그 시대 지성인들의 필독서였던 『법의 정신』을 읽고 이 책의 구성 양식을 원용한 것으로 보인다.

이 장章의 기저 논리는 이론상의 전쟁, 즉 절대적 전쟁의 구조를 제시한 상태에서 다양한 상황 변화 요인과 조건에 따라 변형되는변질이 아님 현실적 전쟁의 유형과 특징을 제시하는 데 있다. 클라우제비츠는 이 장章에서 논의한 명제들이 전쟁 이론의 기본 구조를 세워 중요한 구성 요소와 중요치 않은 구성 요소들을 식별하는 데 필요한 최초의 빛이 될 것으로 확신한다.

'제2장 전쟁의 목적과 수단'에서는, 정치적 목적을 달성하기 위한 수단으로 전쟁 목표를 어떻게 설정하는가, 그 전쟁 목표를 구현하기 위한 주요 수단인 싸움 또는 전투의 목적은 어떻게 설정하는가 등에 관해 논의한다. 모든 존재하는 것은 목적이 있다고 설파한 칸트의 목적론적 사유 방법론을 원용한 것으로 보인다.

클라우제비츠는 전쟁의 목적이 적국의 무장 해제 또는 타도라면 이론적으로 적의 전투력 격멸, 적 국토의 정복, 적의 의지 강제 등을 전쟁 목표로 설정해야 한다고 규정한다. 그러나 현실적으로는 적 전투력의 격멸, 적 국토의 정복, 적 지역의 단순한 점령, 적 지역의 단순한 침공, 적 공격 또는 타격에 대한 수동적 저항 등 다양한 유형과 강도의 방법과 수단으로 적의 의지를 극복할 수 있다고 제시한다. 여기서 전투의 목적이 전투력의 격멸이라면, 그 수단에 관한 논의에서 물질적 전투력 운용은 정신적 전투력의 상태와 서로 삼투하며 영향을 주고 받는다는 점에 유의할 것을 강조한다.

'제3장 군사적 천재'에서 클라우제비츠는 칸트가 주창한 예술가에 국한된 천재론을 근거로 군사적 천재를 정의한다. 칸트는 "천재란 비범한 상상력으로 예술에 법칙을 부여하는 재능"이라고 정의했지만, 클라우제비츠는 군사적 천재를 이성과 감성의 조화로운 배합체로 규정하면서, 전장의 실상을 통찰하는 비범한 상상력과 진정한 용기가 결합된 인물로 묘사한다. 이 논의를 맺으면서 클라우제비츠는 "전쟁에서 형제와 자녀들의 안녕과 조국의 명예와 안전보장을 맡길 수 있는 인물"로서, "창조하기보다는 탐구하는 두뇌, 단편적이기보다 포괄적으로 접근하는 두뇌, 열정적이기보다 냉정하게 사고하는 두뇌의 소유자"를 군사적 천재로 규정한다.

'제4장 전쟁에서의 위험'부터 '제8장 결론'까지는 전쟁에서 나타나는 일련의 마찰 현상을 분석하고, 이를 극복하기 위한 효과적인 방법론을 전개한다. 클라우제비츠는 전쟁에서 모든 활동을 어렵게 만드는 요인으로서 생명에 대한 위험, 육체적 노력의 한계, 정보의 불확실성, 마찰과 우연 등의 특징을 논술한다. 그리고 그는 우리가 전쟁과 전투 상황에서 직면하게 되는 모든 방해 요인들을 '마찰'이란 총체적 개념의 일부로 파악하면서, 이 마찰을 극복할 수 있는 유일한 방법은 전시 전투 작전 습관과 평시 실전적 연습 훈련이라고 강조한다.

'제2편 전쟁 이론'에서 클라우제비츠는 전쟁 이론의 구비 요건을 열거하고, 전쟁학과 전쟁술의 상호 관계를 규정한다. 그는 전쟁학은 아는 것지식의 영역이고, 할 수 있는 것능력은 전쟁술의 영역에 속하며, 인간의 모든 사고는 술術이고 인간의 판단력이 작용하는 지점부터 전쟁술이 시작된다고 주장한다.

클라우제비츠는 전쟁술을 전략과 전술로 분류하면서, 전략은 전쟁의 영역에서, 전술은 전투의 영역에서 응용하는 술術이라고 규정한다. 전쟁술 교리는 원칙, 규칙, 규정, 방법 등으로 구성되며 모든 교리에는 역사적 사례를 비판적으로 분석하여 도출된 실증적 교훈을 반영해야 한다고 강조한다.

'제3편 전략'에서 클라우제비츠는 전략을 전쟁 목적을 구현하기 위한 일련의 전투를 운용하는 술로서 정신적·물리적·수학적·지리적·통계적 요소들을 고려하고 적용하는 술로 정의한다. 특히 전략적 수준에서 전쟁에 영향을 미치는 정신적 요인들과 주요 정신 능력의 가치를 중점적으로 다루고, 수적 우위, 기습, 책략, 전투력의 시간적·공간적 집중, 전략적 예비대, 정규전과 비정규전의 배합 등의 원칙을 논의한다.

'제4편 전투'에서 클라우제비츠는 전투의 구조가 전술적 성격을 띠는 핵심적인 군사 활동이며 다른 모든 군사 활동은 전투의 보조 역할을 한다고 규정한다. 그는 전쟁이 무수히 많은 크고 작은 전투, 동시적 또는 연속적 전투로 구성되며, 전투는 공세적 전투^{공격}와 수세적 전투^{방어}로 나뉜다고 구획한다. 전투의 목적은 적 전투력의 격멸 또는 적 지역과 목표의 점유이며, 전투력은 정신적 요소와 물리적 요소로 결합되어 있지만 전투를 결정짓는 요소는 정신적 전투력임을 강조한다.

클라우제비츠는 모든 전투는 물질적·정신적 전투력의 유혈적·파괴적 검량 과정으로서, 최종적으로 정신·물질적 잔여 전투력의 합계가 높은 편이 승리를 거둔다고 밝힌다. 그는 전투의 승패에 영향을 미치는 요소로서, 수적 우세의 필요성, 여건 조성 작전의 영향, 적에 대한 측면 및 배면 공격의 유용성, 방어 조직력의 중요성, 승패를 결정하는 새로운 예비대 운용, 추격 작전 성공을 위한 효과적 방책, 조직적 후퇴 작전과 소부대의 전략적 운용의 가치, 야간 작전의 조건 등을 열거하며 공자^{攻者}와 방자^{防者}가 고려해야 할 상대적 유리점과 불리점을 일깨운다.

'제5편 전투력'에서 클라우제비츠는 전투력과 공간과 시간이 전투를 구성하는 3요소로서, 이들의 최적 배합은 전략가와 전술가의 몫이라고 강조한다. 그는 전투의 수단인 전투력으로서 야전군^{Armee}, 전투력의 운용 공간으로서 전구^{Kriegstheater}, 전투력의 운용 시간기간으로서 전역^{Feldzug}을 상호 관계 속에서 정의한다.

클라우제비츠는 전투력의 실전적 준비 및 운용의 관점에서 유용한 일련의 원리들을 제시한다. 예컨대 수적 우위를 유지하기 위한 전투력의 시간적·공간적 집중, 양측 전투력의 불균형은 전쟁 발발의 원인, 제병협동을 위한 전투편성 방법은 배분이라는 산술적 요소와 배비라는 기하학적 요소로 구성, 전방 추진부대의 작전적 운용 효과, 행군 대형의 편성과 전투력 보존, 증원로·후퇴로·병참선의 기능을 지닌 연락선^{Verbindungslinie} 운용 및 방호, 보급원으로서 작전기지 운용, 지형평가 요소와 감제고지의 전술적 가치 등의 원리를 구체적으로 밝힌다.

'제6편 방어'에서 클라우제비츠는 방어의 기본 개념과 함께 공격에 비해 이로운 점을 제시하며 전술적 수준과 전략적 수준에서 일어나는 공격과 방어의 상호작용을 논의한다. 방어의 원심성과 공격의 구심성 비교, 내선작전과 외선작전의 특징, 국민 전쟁 시대의 방어 수단으로서 상비군과 예비군의 역할, 산악·하천·삼림 지형에서의 방어 전술, 종심지역으로의 후퇴 전술, 전구에서의 방어 전략, 전투력의 중심에 대한 정의, 중심에 대한 중심의 작전인 주력 결전, 무혈 결전과 유혈 결전의 유형 등의 원리에 관해 가능한 공격 방책들을 상정하여 이에 대해 어떻게 방어할 것인가를 사유하는 방식으로 논술한다.

'제7편 공격'에서 클라우제비츠는 전략적 방어는 반드시 반격을 수반하며, 전략적 방어가 전략적 공격보다 우위를 지킬 수 있는 이유는 공격 자체가 방어 방책 없이 존재할 수 없기 때문이라고 주장한다. 그는 이러한 기본 관점에서, 전략적 공격의 목표 유형, 공격 전투력의 약화 원인, 공격 전투력의 강화 원인, 공격의 한계 정점, 포위 공격의 이점, 하천·산악·삼림 지형에서 적합한 공격 전술 등의 원리에 관해 논의한다.

'제8편 전쟁 계획'에서 클라우제비츠는 제1편에서 7편까지 전쟁의 구조와 구성 요소의 본질과 상호 관계에 관한 고찰을 통해 '제1편 전쟁의 본성'에 담겨 있는 명제들을 씨앗으로 삼아 전쟁 및 전역 계획이란 열매를 맺는 군사기획 체계의 전형을 제시한다. 기본적으로 절대적 전쟁의 양상을 묘사하고, 이를 준거의 틀로 여러 유형의 변형된 현실적 전쟁의 양상을 논의한다. 정치적 목적이 군사적 목표에 미치는 영향, 정치적 목적의 크기와 군사적 목표 및 수단의 크기 사이의 상관관계, 제한된 목표의 공격 전쟁, 제한된 목표의 방어 전쟁 등에 관해 비교 논술한다. 그러나 프로이센이 동맹 체제를 결성하여 프랑스를 상대로 전쟁을 수행하는 상황을 가정하여 수립된 이 계획은 오늘의 시각에서는 전쟁 계획이기보다 전역 또는 전구 작전 계획에 가깝다고 보아야 할 것이다.

최종적으로 클라우제비츠는 프랑스와 맞서 싸우기 위한 프로이센 중심의 다자동맹 체제를 전제조건으로, 중심, 배합, 집중, 속도, 주력 작전과 조력 작전, 한계 정점 등의 원칙을 응용하고, 이와 동시에 프리드리히 대왕의 전쟁과 나폴레옹 전쟁의 맞춤형 사례를 실증적 논거로 삼아 적의 타도를 목표로 하는 전쟁 계획을 수립하여 제시한다.

지금까지 살펴본 바와 같이, 『전쟁론』은 클라우제비츠가 자신의 삶 전체를 바친 역작이다. 그가 직면했던 국가 경영의 현실과 전쟁 현장 감각이 깃든 문장들의 의미를 음미하다 보면 그의 군사적 천재성을 확인하고도 남는다.[17] 클라우제비츠에게서 우리는 미래 전쟁에서 관찰하고 체험하게 될 일련의 현상들과, 그 속에 내재한 인과의 본질을 추론할 수 있는 혜안꾸데이: coup d'oeil을 배우는 기쁨을 누리게 될 것이다.

제2부
전쟁의 본질적 구조
_ 국가는 왜, 어떻게 싸우는가

전쟁이란 무엇인가
_ 의지를 관철하는 폭력, 그 극단성을 향한 상호작용

> **명제 ❶**
>
> **전쟁은 우리의 의지를 실현하기 위해 적을 강요하는 폭력 행동이다.**
>
> - Der Krieg ist also ein Akt der Gewalt, um den Gegner zur Erfüllung unseres Willens zu zwingen.
> - War is thus an act of force to compel our enemy to do our will.

클라우제비츠는 『전쟁론』 '제1편 전쟁의 본성 1장 전쟁이란 무엇인가'에서, 전쟁은 우리의 의지를 실현하기 위해 적을 강요하기 위한 폭력 행동이라고 정의한다.

전쟁의 목적은 적에게 우리의 의지를 강요하는 데 있으며, 그 목적을 달성하기 위한 폭력적 수단은 군사력이다. 오늘날 우리는 군사력뿐만 아니라 외교·정보·경제력을 포괄한 전쟁 수단의 개발과 운용을 논의하고 있지만, 클라우제비츠는 군사력 중심으로 전쟁의 수단을 논의한다. 여기서 폭력적 수단인 군사력의 성격과 양태는 그 운용의 주체가 어떤 유형의 전쟁술을 선택하고 구상하여 군사력을 시·공간적으로 언제·어디서·어떻게 운용하느냐에 따라 다양하게 나타나게 마련이다.

클라우제비츠는 전쟁의 원천적 동기인 정치적 목적은 군사적 행동을 통해 달성해야 할 군사적 목표는 물론, 이 목표를 성취하는 데 필요한 노력의 크기를 좌우한다고 설파한다. 군사적 목표의 성격과 중요도에 따라 군사적 수단의 성격과 규모가 결정된다. 우리가 전쟁 또는 전투 작전을 계획하는 단계에서, 그 전쟁 또는 전투 작전에 참여하는 모든 단위 부대의 개별 목표들은 상위 부대의 목표 달성에 기여하고 궁극적으로 전쟁의 정치적 목적에 수렴하도록 유기적으로 설정하고 추구해야 한다.

클라우제비츠는 싸움에 관해 상호 군사력 또는 전투력을

투입·운용하여 물질적·정신적 힘의 우열을 겨루는 과정이라고 정의한다. 싸움의 정치적 목적이 어떤 가치를 지니느냐, 싸움의 주체와 객체가 어떤 능력을 보유하고 있느냐, 싸움의 시간과 장소가 어디냐에 따라 제2차 세계대전 또는 이스라엘-하마스 전쟁처럼 섬멸적 수준의 전쟁으로부터 한반도의 현재 상황처럼 남북이 전투태세를 유지하는 가운데 관측 및 경계 활동을 지속하는 수준의 전쟁까지 그 중요도와 치열도에 따라 다양한 유형의 전쟁이 존재한다.

전쟁은 국가와 국가 또는 국가와 집단 또는 집단과 집단 사이에 서로 가용한 국력 또는 집단의 역량을 수단으로 이기기 위해 벌어지는 크고 작은 규모의 싸움이다. 오늘날 러시아-우크라이나 전쟁은 국가와 국가의 싸움이며, 이스라엘-하마스·헤즈볼라·후티 전쟁은 하마스·헤즈볼라·후티가 자국 내에서 정치적으로 상당한 지배력을 행사하고 있지만 국가와 집단비국가 세력: non-state actor의 싸움 성격에 가깝다고 볼 수 있다. 그런데 어떤 싸움에서든 정신적·물질적 요소가 유기적으로 상호작용을 한다. 정신·심리적 측면에서는 상호 적대 의도와 적대 감정이 싸움의 동기를 구성한다. 물리적 측면에서는 다양한 무기와 장비와 물자가 싸움의 수단을 구성한다.

클라우제비츠는 문명국가 또는 집단 사이의 전쟁은 야만국가 또는 집단 사이의 전쟁에 비해 상대적으로 덜 참혹하고 파괴적인 성격을 띤다고 예시한다. 왜냐하면 문명국가는 적대 감정보다 적대 의도에 따라 전쟁을 시작하고 종료하는 결정을 내릴 수 있도록 보다 나은 이성적 의사결정 구조와 합리적 사회 환경을 갖추고 있기 때문이다. 그러나 클라우제비츠는 문명국가들 사이에도 일단 전쟁이 발발하면 적대 감정와 적대 의도가 결합한 적대 관념이 깊어지고 서로 파괴력과 살상력이 큰 무기체계를 경쟁적으로 사용할 위험도 커져서 전쟁은 더욱 극심한 피해와 비극적 결과를 낳을 수 있다고 부연한다. 클라우제비츠 시대 이후 인류의 문명은 고도로 발달하고 인간의 관념도 많이 성숙해졌지만, 지난 세기에 벌어진 제1, 2차 세계대전, 현재 진행 중인 러시아-우크라이나 전쟁과 이스라엘-하마스의 가자지구 전쟁에서 보듯이 미래 전쟁은 더 무차별적인 파괴와 무수한 희생을 초래할 것임을 클라우제비츠가 예언했던 것이다.

　적대 관념은 적대 감정과 적대 의도로 구성된다. 한반도 평화 지키기의 관점에서, 무엇보다 우리 군의 정신적 태세 확립은 필수적이다. 우리나라는 정부가 바뀔 때마다 『국가안보 전략서』, 『국방백서』, 『군 정신전력 교육 기본 교재』에서 '북한 정권과 군이 우리의 적'이라는 표현이 사라졌다가 되살아나기를 반복하고 있다.

남북분단 이래 북한의 정체성은 어떤 본질적 변화를 보여주지 않고 있음을 직시해야 한다. 북한은 남조선 혁명의 성격을 '민족해방 인민민주주의 혁명'으로 규정하고 6·25 침략전쟁을 정당화하는 왜곡된 입장을 바꾸지 않고 있다. 그럼에도 우리는 대한민국의 헌법적 가치와 역사적 정통성을 부정하듯이 대적 관념에 관한 논란을 이어가고 있다. 물론, 북한은 교류 협력의 대상이지만, 다른 한편으론 김정은 정권과 그의 혁명 무력인 북한군은 우리의 엄연한 적이다.

남북대화 노력은 필요하다. 북한의 위협을 경감하고 남북이 신뢰를 쌓아 화해·협력단계로 진입하려면 대화보다 더 나은 수단은 없다. 우리 민족이 염원하는 평화통일을 논의하기 전에 북한이 개방정책 노선을 밟도록 도와야 할 것이다. 남북교류를 제도화하여 남북사회문화의 이질화를 최대한 억제하는 가운데, 독재체제에서 신음하는 북한 동포가 인간적 삶에의 희망을 포기하지 않도록 세상 소식을 전달해야 한다. 이러한 노력이 열매를 맺으려면 김정은 정권의 진정성 있는 태도와 협조가 필요하다.

지금까지 북한은 수많은 남북 대화와 교류를 유화적으로

시도하고 또 돌연 중단하는 모습을 반복적으로 보여왔다. 그 근본적 동기는 하나였다. 북한은 남북대화 및 교류가 지속될 경우, 북한 주민의식의 변화로 말미암아 북한 사회의 모순이 노출되고 북한 독재체제가 붕괴 위험에 처하게 되는 상황을 두려워하기 때문이다.

서독이 독일 통일에 이르기까지 분단관리에 성공한 비결은 다섯 가지 선명한 원칙에 있었다. 그것은 서독이 독일의 역사적 정통성을 계승한다는 입장과 국력 우위에 바탕을 둔 양독 관계 형성, 동독 주민들의 고통을 경감하는 지원, 다양한 교류협력으로 민족의 동질성 회복, 상호주의 원칙의 냉정한 적용, 동방 정책 추진에 대한 국민적 공감대 형성과 투명성 유지 등이다. 이러한 독일의 선례는 분단 구조가 다른 우리에게도 유용하다.

이러한 이유로 1991년 체결된 남북기본합의서에 남과 북은 "통일을 지향하는 과정에서 잠정적으로 형성되는 특수 관계"로 명시하고 있지 않은가? 대한민국의 안전보장을 강화하고 남북 교류 협력을 증진하는 노력은 한반도 분단 상황을 안정적으로 관리하기 위해 필수불가결한 양대 수레바퀴이다.

명제 ❷

전쟁은 하나의 폭력 행동이다. 이론상 그 폭력의 운용에는 한계가 없다. 따라서 누구나 상대방에게 법칙을 강요하여 이론상 극단으로 치닫는 상호작용이 생겨난다.

- Der Krieg ist ein Akt der Gewalt, es gibt in der Anwendung derselben keine Grenze; so gibt jeder dem anderen das Gesetz, es entsteht eine Wechselwirkung, die dem Begriff nach zum äußersten führen muß.
- War is an act of force, and there is no logical limit to the application of that force. Each side, therefore, compels its opponent to follow suit; a reciprocal action is started which must lead in theory, to extremes.

클라우제비츠는 『전쟁론』 '제1편 전쟁의 본성 1장 전쟁이란 무엇인가'에서, 전쟁이 극단으로 치닫게 되는 본질적 원인과 그 작용 원리에 관해 논술한다. 이 원리들은 이론상 가능한 전쟁의 양상, 즉 현실적 전쟁이 아닌 절대적 전쟁의 양상을 그리고 있다.

확전의 제1원리는, 우리와 적이 상대에 대한 적대 감정과 적대 의도로 말미암아 서로 군사적 수단으로 표출하는 행동이 연속적으로 상승작용을 일으켜 전쟁의 치열도가 극단적 상태에 이르게 된다는 것이다.

확전의 제2원리는, 우리와 적은 상대의 무장을 해제시켜야 자기가 안전해질 수 있다는 인식을 바탕으로, 어느 한쪽의 무장이 해제될 때까지 서로 연속적인 싸움을 전개하는 과정에서 전쟁의 양상은 걷잡을 수 없이 악화된다는 것이다.

확전의 제3원리는, 우리와 적은 상대의 노력보다 자신의 노력이 커야 승리할 수 있다고 믿기 때문에, 상대보다 우월한 상태를 만들기 위해 서로 경쟁적으로 자기의 노력을 투입한다는 것이다. 여기서 노력의 크기는 능력의 크기와 의지의 강도가 배합된 상태를 의미한다.

허먼 칸Herman Kahn은 확전론On Escalation에서, 클라우제비츠가 제시한 확전의 원리를 적용하여 핵 시대의 전략적 요구와 제기된 문제들을 탐구하는 가운데, 역사적 실증 사례들을 논거로 삼아 확전에 관한 이론 체계를 새롭게 정립했다.[18]

칸은 확전의 방법에 관한 논의에서 '확전 우세escalation dominance'라는 핵심 개념을 규정했다. '확전 우세'란, '확전 사다리escalation ladder'의 특정 단계에서 우리에게 주어진 상대적 이점을 향유하는 가운데, 확전 여부 결정에 대해 주도권을

발휘할 수 있는 우세한 의지와 능력과 태세로 정의할 수 있다.[19]

확전의 전형적인 상태는 단호한 결의와 '위험 감수 경쟁competition in risk-taking' 행동을 내포한다. 우리와 적은 서로 분쟁을 질적으로 심화시키거나 양적으로 자신의 노력을 더 크게 투입하는 방법으로 확전을 추구할 수 있으며, 이 과정에서 적이 더 이상 겨루지 못하는 상태가 된다면 우리는 확전으로 치닫는 과정을 멈추고 마침내 승리를 쟁취할 수 있는 것이다. 이 때 적은 우리가 자신들의 침략 행위에 더 강력하게 대응할 것이라는 공포 심리로 인해 확전을 단념한 상태에 놓이게 된다.

클라우제비츠는 『전쟁론』 저술 전반에 걸쳐, 순수 철학적·이론적으로 고찰한 절대적 전쟁 양상의 구성 요소를 밑그림으로 여러 제약 요인과 마찰 요인의 영향을 받는 현실적 전쟁 양상의 구성 요소에 관해 논술하는 방식을 활용하고 있다. 그는 우리와 적의 상호작용에 의해 극단으로 치닫는 절대적·무제한적 전쟁에 관해 철학적·변증법적 논리의 형식으로 논의하며, 현실적으로는 모든 것이 완전히 달라진다는 점을 명료하게 강조한다. 이론이 아닌 현실에서는 현실적 제한과 실제 생활의 개연성과 확률이 극단적인 것과 절대적인 것을 대체한다는 것이다. 이러한 관점에서 전쟁의 원천적 동기인 정치적 목적은 현실적 전쟁의 성격과 양상을 결정짓는 가장 중요한 요소임을 알 수 있다.

북한은 120만이 넘는 규모의 병력을 보유하고, 특수작전부대, 장사정포, 잠수함 등의 비대칭 전력을 보유하고 있지만, 전반적으로 재래식 전력의 질적 수준과 전쟁 지속능력 유지 측면에서는 한국보다 열세로 평가할 수 있다.

북한군은 육군의 70%, 해·공군의 50%가 평양-원산 선 이남에서 공세적 태세를 유지하고 있다. 북한의 전쟁 지속능력은 가중된 경제난으로 취약하지만, 북한의 핵 및 재래식 군사력은 적어도 전쟁 초기 며칠 동안 우리에게 막대한 피해를 줄 정도로 여전히 우리의 실존에 위협적이다.

우리의 전략적 중심인 수도 서울이 휴전선으로부터 약 40km 거리에 위치하고 있어 북한군의 기습적 공격 기동을 허용하면 전체 전쟁 상황이 불리하게 전개될 위험이 크다. 따라서 우리 육군의 최정예 상비부대가 수도권 전방에서 다중 방어선을 편성하여 고도의 방어 준비 태세를 유지할 수밖에 없다. 이러한 우리의 전방 방어태세의 현실적 불가피성에 대해, 에드워드 루트왁(Edward N. Luttwak)도 주력부대를 방어지역 종심에 배비하는 것을 특징으로 하는 자신의 '유연한

탄력적 방어' 논리와는 충돌하지만 한국의 지리전략적 조건에서 예방적 방어 효과를 거두려면 불가피한 선택이라고 인정했다.[20]

북한 정권의 오인misperception, 오산miscalculation, 오판misjudgement에 의해 한반도 전쟁이 발발할 가능성을 배제할 수 없다. 그러나 북한 내부에서 김정은 정권의 통제력을 넘어선 급변사태가 발생하거나 동아시아 지역에서 중국이 대만을 침공하고 미국과 일본의 개입으로 인해 전쟁 상황이 극단으로 치달으며 악화하지 않는 한 북한이 전면전을 일으킬 가능성은 크지 않다고 보는 것이 합리적이다.

북한은 김정은 독재체제가 종말에 이르거나 붕괴 위험에 직면하는 절박한 상황을 제외하고는 한국 내 전략적 중심에 대해 핵무기로 1차 타격first strike을 감행할 정도로 무모한 선택을 하기 쉽지 않을 것이다. 왜냐하면 김정은은 훨씬 더 다양한 옵션의 압도적 핵 및 재래식 능력을 보유한 한미연합군의 치명적 보복을 불러 자신이 누리는 절대 권력자의 지위와 향락을 상실하고 싶지 않을 것이기 때문이다.

이러한 맥락에서 장차 한반도에서는 핵무기의 대량파괴 공포로 인해 전면전 또는 고강도 국지전이 발생할 확률은 현실적으로 낮아지지만 저강도 무력 분쟁의 확률은 상대적으로 높아지는 패러독스를 전략적으로 고려하고 대비해야 한다.

국지전의 관점에서 북한이 선택할 수 있는 방책은 다양하지만, 대표적으로 '가장 현실이 될 가능성이 높은most likely' 방책과 '가장 위험한most dangerous' 방책을 상정해 볼 수 있을 것이다.

'가장 현실이 될 가능성이 높은' 북한의 도발 행동으로서, 동창리에서 대륙간탄도미사일ICBM 발사를 재개하는 것이다. 북한 동창리의 ICBM 발사장은 언제든지 발사가 가능한 조건을 갖추고 있다. 북한이 생존성과 은밀성을 갖춘 핵추진잠수함 건설에 성공하고 소형화된 핵탄두5~600kg를 장착한 SLBM으로 핵 보복the second strike 능력을 입증하게 되면, 미국 본토가 직접 위협을 받는 심각한 상황이 될 것이다. 최근 북한이 러시아-우크라이나 전쟁에 병력을 파병한 대가로 러시아로부터 잠수함용 원자로와 전력 시스템을 이전받을 수 있다면 그 가능성은 더 높아진다.

최근 러시아는 핵그림자nuclear shadow 속 재래식 전쟁 수행의 전형을 보여주었다. 푸틴 대통령은 우크라이나 침략 전쟁을 선포하면서 "러시아는 최강의 핵국가"라며 핵무기 사용을 협박2022년 2월 24일하기 시작했다. 이어서 그는 군사지도부에게 "핵전력을 특별 전투준비태세로 전환하라"라고 공개적으로 지시2022년 2월 27일하고, 이에 따라 쇼이구 국방부 장관은 3대 핵전력Nuclear Triad인 대륙간탄도미사일ICBM, 잠수함발사탄도미사일SLBM, 핵전략폭격기가 특별 전투준비태세로 전환 완료했다고 보고2022년 2월 27일했다. 러시아의 핵 사용 위협은 여기서 끝나지 않았다. 러시아의 핵전략폭격기SU-24 편대가 스웨덴 상공에 진입했다가 스웨덴 공군에 의해 퇴출되는 상황이 연출2022년 3월 2일되었고, 칼리닌그라드에서 전술핵을 탑재한 이스칸데르 발사훈련을 공개2022년 5월 4일하기도 했다.

'가장 위험한' 북한의 도발 행동은 '핵그림자nuclear shadow' 속에서 재래식 제한 공격을 획책하는 것이다. 북한의 정치적 목적은 한미 동맹을 향해 대북제재의 전면적 해제를 강압하는 데 둘 것이다. 그동안 북한은 '벼랑 끝 외교'의 술책으로 우리가 한 번도 경험해 보지 못한 '놀라운 기습'들을 언제나 즐기듯이 감행해 왔다.

예컨대 서해 5개 도서를 기습 탈취한 후 우리 군 또는 한미연합군의 탈환 작전 준비 단계에서 핵사용을 위협하면서 우리와 협상을 벌이는 상황을 예상해 볼 수 있다. 그러나 이러한 고강도 도발 상황은 재래식 전면전 또는 핵전으로 치달을 위험성이 크기 때문에 북한도 쉽게 선택할 수 있는 방책으로 보기 어렵다.

  북한은 '불확실성의 확실성certainty of uncertainty'을 보여주는 데 능숙하지만, 자신들의 생존 문제에는 무척 예민하여 중국과 러시아를 뒷배로 '계산된 모험주의'를 추구하는 경향이 있다. 북한은 미국의 직접적 군사 개입을 예방하고 우리 군의 응전 강도를 최저 수준으로 억제하면서 재래식 전쟁의 확전 위험성을 낮추고 '핵사용 문턱nuclear threshold'도 높이려 할 것이다.

  이러한 맥락에서 다른 하나의 예를 들면, '금성' 계열의 자폭 드론을 이용하여 우리 군사시설을 타격한 후 우리 군의 응전에 이은 일련의 응징 조치들을 차단하기 위해 핵사용을 협박하는 무력 분쟁 양상을 상정해 볼 수 있을 것이다. 김정은은 2021년 1월 제8차 당 대회에서 이미 드론을 지칭하는 '무인타격 장비와 정찰탐지 수단'의 개발이 진행 중임을 최초 언급했으며, 2025년 9월 19일 김정은이 참관한 야전 실험이 보여주듯이 북한은 러시아-우크라이나 전쟁에 참전하여 얻은 교훈을 토대로 소형 공격용 드론을 실전 배치하여 전술훈련을 확대해 나가고 있다.

  다음은 가상 시나리오다.

    어느날, 동해 해군기지 내 저유시설에서 거대한 폭발음과 함께 불기둥이 치솟는다. 이틀 후 국방부는 합동정보신문조와 유엔군사령부의 조사 결과를 근거로 강원도 금강군에서 이륙한 북한군 '자폭 드론'의 '벌떼 공격'을 받은 것으로 확인했다고 발표한다. 북한은 자신들이 도발의 주체라는 사실을 은폐하기 위해 '자폭 드론'을 도발 수단으로 선택한 것이다. 이에 대해 북한은 조선노동당 통일전선부 명의의 전통문을 통해 "남측의 잘못으로 일어난 화재 사고를 우리에게 떠넘긴다"라며 "계속 억지 부리면 진짜 불바다 맛을 보여주겠다"라고 겁박한다. 국가안보실은 "최근 남북 정상 사이 남북관계 복원에 관한 친서를 교환한 바 있다"라고 공개한다. 국방부는 발표 내용이 너무 단정적이었고 정밀조사가 필요하다며 한발 물러선다. 국회 내 한 정파에서는 국방부의 발표가 허술했다고 나무란다. 다른 정파에서는 우리 군의 미온적 대응을 질책하며 즉각 응징하라고 목소리를 높인다. 이래저래 우리 군은 국민의 신뢰를 잃고 사기도 땅에 떨어질 즈음, 국민의 강경 여론이 거세지자 뒤늦게 합동참모본부는 자위권 차원에서 북한의 도발 원점과 지휘 세력에 대해 타격작전을 실시할 것을 발표한다. 이에 대해 북한은 "공화국 군대는 빈말을 할 줄 모른다"라면서 한술 더 뜨며 핵사용을 위협한다. 북한은 애초부터 자신들의 드론 공격에 대해 우리가 자위권 차원의 비례적 응전조차 하지 못하도록 핵그림자 효과 nuclear shadow를 노린 치밀한 각본을 준비해 둔 것이다.

전쟁과 정치의 함수관계
_ 전쟁은 다른 수단에 의한 정치의 연속이다

> **명제 ❸**
>
> **전쟁은 단지 다른 수단에 의한 정치의 연속이다.**
>
> - Der Krieg ist eine bloße Fortsetzung der Politik mit anderen Mitteln.
> - War is merely the continuation of policy by other means.

클라우제비츠는『전쟁론』'제1편 전쟁의 본성 1장 전쟁이란 무엇인가'에서, 전쟁과 정치의 본질적 관계를 탐구한다. 이 명제만큼 우리에게 널리 알려진 명제도 없다.[21] 전쟁은 정치적 목적을 구현하는데 필요한 하나의 도구에 불과하다는 뜻을 밝히고 있다. '정치의 연속'이란 표현에는 '정책의 연속' 즉, 정치적 목적을 실현하기 위한 방책의 연속이라는 의미가 내포되어 있다.

클라우제비츠는 전쟁은 정치적 교류의 일부로서 정치적 교류의 연속에 불과하다면서, "전쟁은 자신의 고유한 문법을 갖고 있지만 고유한 논리는 갖고 있지 않다"라고 전쟁과 정치의 함수관계를 설명한다. 그 의미는 전쟁의 억제와 수행에 관한 논리는 전쟁의 내적 요인들과 더불어 정치와 같은 외적 요인들에 의해 지배된다는 것이다. 클라우제비츠는 무엇보다 정치적 요인은 주로 전체 전쟁 계획 또는 전역 계획에 영향을 미치며, 소규모 전술작전일수록 상대적으로 드물게 그 세부사항까지 영향을 미친다고 부연한다.

클라우제비츠는 전쟁이 필연적으로 정치의 성격을 띠며 전쟁은 정치의 척도에 의해 측정해야 한다면서, 전쟁 수행은 전쟁이란 큰 틀에서 보면 정치 그 자체이고, 정치의 수단을 펜pen에서 칼로 바꾼 것일 뿐이라고 적시한다. 전쟁은 정치적 목적을 실현하기 위한 하나의 방책에 불과하다는 것이다. 그러므로 정치적 의도와 전쟁은 목적과 수단의 관계이며, 인류의 역사 속에서 일어난 모든 전쟁은 정치의 도구 또는 수단으로서 고립된 행동이 아니라 정치에 종속된 행동이었다고 규정한다.

 전쟁이 정치^{정책}의 도구라는 클라우제비츠의 주장은 오늘날 자유민주주의 체제의 군대와 군사는 정치적 통제에 종속된다는 문민통제의 원칙과 일맥상통한다. 클라우제비츠는 군대의 지휘관은 국가 차원의 과업에 익숙해야 하고 군사적 천재로서 국가 정책의 상위 기능을 통찰할 수 있어야 한다고 주장하며, 국내 정책뿐만 아니라 국제 정책차원에서 장군이 수행해야 할 역할에 관해 논의한다. 또한 그는 나폴레옹 전쟁이 절대적 전쟁에 가까운 성격을 띠게 된 것은 국가 정책이 전쟁의 본성과 조화를 이뤘기 때문이라고 분석한다. 이는 전쟁이 국가 정책에 맞춰야 하지만 국가 정책도 전쟁에 맞춰야 한다는 논리이며 국가의 정책적 지침이 전쟁 수행 과정과 조화를 이루어야 한다는 점을 강조한 것으로 풀이된다.

 클라우제비츠는 『전쟁론』 '제2편 전쟁 이론'과 '제5편 전투력'에서, 전쟁 범주 내의 군사적 목적 또는 목표와 전쟁의 정치적 목적을 구별하는 가운데, 정치적 목적을 실현하기 위해 정부가 세운 정책과의 상관관계 속에서 군사 작전의 양상을 변증법적 논리로 실증한다. 클라우제비츠는 전쟁의 정치적 목적을 실현하는 방책으로서 국가 정책을 최상위의 전쟁술로 분류한다. 따라서 『전쟁론』에서 논의하는 전쟁술의 체계는 정책 - 전략 - 전술로 구성되며, 전략에 관한 원리와 명제들은 군사차원의 방책으로서 군사전략적 성격이 강하고, 전술 차원에서는 대부대 전술과 소부대 전술로 나누어 방책을 다루고 있다.

  오늘날 국가지도부는 정치지도부와 군사지도부로 형성되며, 전쟁술은 정치지도부와 군사지도부의 조화로운 관계 속에서 펼쳐야 한다. 전쟁술의 최고 수준의 영역은 정치 또는 국가정책이며, 전쟁에서의 정치는 외교적 수단뿐만 아니라 군사적 수단, 즉 일련의 전투 작전을 수단으로 사용한다. 그런데 전쟁의 성격과 양태는 군사적 요인과 상황보다 정치적 요인과 상황에 의해 더 큰 영향을 받는 추세이다. 만일 정치지도부가 군사지도부가 성취할 수 없는 과도한 요구를 한다면 전쟁의 목표와 군사적 노력의 크기를 잘못 판단한 결과이다. 따라서 군사지도부는 정치지도부의 방향과 의도가 전쟁 수단과 모순되지 않도록 정치지도부에 적절히 건의하고 잘못된 지침의 수정을 요구할 권한과 책임이 있다.

  클라우제비츠가 선각한 이 명제는 볼셰비키 당수였던 레닌에 의해 왜곡되었고 『전쟁론』 저작 자체가 소비에트 연방의 국가 원수였던 죠셉 스탈린Josef Stalin에 의해 폄훼되기도 했다. 레닌은 스위스에서 망명 생활하던 1915년에 사회주의와 전쟁에 관한 소론에서 "전쟁은 단지 다른 수단에 의한 정치의 연속"이란 클라우제비츠의 명제를 인용하여 "정치 목적을 위해 전쟁을 수행해야 한다"라고 폭력 혁명을 정당화하는 근거로 삼았다. 이어서 스탈린은 1946년 "클라우제비츠는 전쟁의 수공업 시대 대표자"였고, "지금 우리는 전쟁의 기계공업 시대에 서 있다"라며 그의 이론이 더 이상 쓸모없다고 주장했다. 레닌은 클라우제비츠의 대표적 명제를 공산주의 폭력 혁명을 정당화할 목적으로 오용했고, 스탈린은 클라우제비츠의 사상과 『전쟁론』의 명제들이 지닌 본래의 의미와 가치를 이해하지 못하거나 외면하려 했던 것이다.

명제 ❹

적에게 가해져야 하는 폭력의 강도는 우리와 적의 정치적 요구의 크기에 따라 결정된다.

- Der Zwang, welchen wir unserem Gegner antun müssen, wird sich nach der Größe unserer und seiner politischen Forderungen richten.
- The degree of force that must be used against the enemy depends on the scale of political demands on either side.

클라우제비츠는 『전쟁론』 '제8편 전쟁 계획 3-2장 군사적 목적과 노력의 크기'에서, 우리의 정치적 요구의 크기는 물론, 적의 정치적 요구의 크기에 비례하여 서로에게 가해지는 폭력의 강도가 결정되며, 그 폭력 수단의 크기도 비례한다는 원리를 제시한다.

  정치적 목적에 따라 그 수단인 전쟁의 목표가 달라지고 그 목표를 달성하기 위한 폭력 수단의 성격, 규모, 양상 등이 달라진다. 다시 말하면 전쟁의 목표을 어떻게 설정하느냐에 따라 군사력 운용의 규모와 강도가 결정되는 것이다. 정치적 목적 또는 정치적 요구에 영향을 미치는 요인은 우리 정부와 적 정부의 의지, 성격, 능력 등으로 형성된다.

  우리가 적의 정치적 요구의 크기를 잘 알고 있다면 그 정치적 요구의 크기로 미루어 적이 전쟁에 기울일 노력의 크기를 평가하고 비교할 수 있다. 전쟁에 동원해야 할 수단의 규모를 파악하려면 기본적으로 우리와 적의 정치적 목적을 비교 분석해야 한다. 적 전투력의 능력과 준비태세를 우리 전투력의 능력과 준비태세와 비교 평가해야 하고, 적 정부와 국민의 성격 · 의지 · 능력을 우리 정부와 국민의 성격 · 의지 · 능력과 비교 평가해야 한다. 그리고 적이 다른 국가들과 맺고 있는 동맹 또는 우호협력관계가 우리가 수행해야 하는 전쟁에 미칠 수 있는 영향 요인들을 비교 평가해야 한다.

클라우제비츠는 '제8편 전쟁 계획'에서 전쟁 목표를 두 유형으로 분류하여 전쟁 양상의 두 가지 표준을 제시한다. 하나의 전쟁 목표는 적의 완전한 패배가 목표인 전쟁으로서, 적의 정치적 유기체를 파괴하거나 우리가 제시하는 어떤 조건도 적이 수용토록 강요하는 것이다. 다른 하나의 전쟁 목표는 적 영토의 점령이 목표인 전쟁으로서, 그 점령지역을 유지하거나 평화협상 단계에서 교환조건으로 제시하는 것이다.

정치지도부는 전쟁의 윤곽을 결정하는 역할을 감당해야 한다. 그러므로 정치지도부는 국내외 전략적 상황 전반의 구조와 변화를 통찰할 수 있는 명민한 집단 지성과 합리적인 의사결정과정을 필요로 한다. 정치지도부가 군사 상황의 변화를 평가하는 문제는 군사지도부의 건전한 판단과 건의에 의존적일 수밖에 없다.

오늘날 전쟁의 정치적 배경 및 동기와 환경요인들은 훨씬 더 복합적이고 중층적인 성격을 띠고 있다. 따라서 전쟁 목적에 부합되게 군사적·비非군사적 전쟁수단을 체계적으로 준비하고 운용해야 하지만, 한편으로는 전쟁수단의 가용성을 현실적으로 고려하여 적정 수준의 전쟁 목적과 목표를 설정해야 한다.

제2차 세계대전 당시, 자본주의 후발국가have-nots 독일은 독일 민족의 숙원이었던 '대*독일구상'을 실현한다는 정치적 목적을 세웠다. 이에 따라 독일은 이탈리아, 일본과 함께 추축국 군사동맹을 결성하여 유리한 전략환경을 마련한 상태에서 독일의 동부·서부·남부 유럽지역에서 침략전쟁을 감행했다. 이 정치적 목적은 아돌프 히틀러Adolf Hitler의 인종 이념적 정책의 추진 의지와 맞닿아 있었고 유태인에 대한 종교적 편견과 증오심을 내포하고 있었다.

일본은 또 다른 자본주의 후발국가have-nots로서 동아시아 권역을 자국의 지배하에 두려는 제국주의적 국가 목표를 수립했고, 이를 전쟁을 통해 실현하고자 했다. 이 과정에서 일본은 백인들의 식민지배로부터 아시아 국가들을 해방하기 위해 '대*동아공영권'을 건설하겠다는 정치적 목적을 내세워 태평양 전쟁의 침략적 성격과 점령지역에서 벌이는 무법적 잔혹 행위를 정당화하려 했다.

당시 독일과 일본은 '세계전격전쟁' 이란 구상을 토대로 국가 총력을 투입하여 무수한 희생을 무릅쓴 거대한 군사작전을 전개했다. 그러나 독일과 일본 모두 자국과 점령지역의 동원 능력을 넘어서는 과도한 전쟁 목표를 세웠기 때문에 결국 연합국의 '무조건 항복'을 수용해야 하는 비참한 최후를 맞이했다.

오늘날과 미래 전쟁의 수단은 군사력에 국한되지 않는다는 사실은 자명하다. 전쟁에서 외교적 노력을 비롯하여 정보력과 경제력이 차지하는 비중은 점점 더 높아질 것이다. 미래 전쟁 양상은 제4세대 전쟁, 하이브리드 전쟁, 인지recognition 전쟁, AI 전쟁, 유·무인복합 전쟁 등의 성격과 형태로 진화해 나갈 것이다.

전쟁의 시작과 종료의 책임은 정치지도부에 있다. 정치지도부는 전쟁의 시작 여부와 종료 여부를 최종적으로 결정한다. 군사지도부는 정치지도부의 전쟁 억제·수행·종료에 관한 의사결정과정에서 주로 군사적 관점과 판단에 기초하여 조언하고 보좌한다.

국가지도부의 정치 및 군사 최고지도자는 전쟁을 억제해야 할 책임이 있다. 이 사명은 국가와 국민이 부여한 것이다. 만일 전쟁 억제에 실패하여 전쟁이 발발하면 국가지도부는 1차적 사명을 다하지 못한 것이다. 그러나 전쟁이 발발하면 국가지도부는 그 전쟁을 반드시 승리로 이끌어야 하는 2차적 사명에 충실해야 한다.

이러한 관점에서, 우크라이나 볼로디미르 젤렌스키

Volodymyr Zelenskyy 대통령은 국가 최고지도자로서 러시아의 침공을 허용하여 국민이 무수한 희생을 치러야 했던 상황을 초래한 책임에서 자유로울 수 없다. 물론 침략전쟁을 일으킨 블라디미르 푸틴Vladimir Putin의 국제정치적 책임은 어떤 이유로도 용납될 수 없다.

2022년 2월 발발한 러시아-우크라이나 전쟁에서 보듯이, 우리 의지의 강요 대상은 궁극적으로 적의 최고지도자여야 한다. 젤렌스키와 푸틴의 리더십과 의지에 따라 전쟁의 승패가 결정된다고 해도 과언이 아니다. 우리의 전쟁술도 최고지도자의 의지를 꺾는 데 초점을 맞춰 수립하고 구사해야 한다.

우리가 적의 최고지도자와 국가지도부의 전쟁 의지를 약화 또는 무력화하려면, 적 최고지도자와 국가지도부의 정신활동, 즉 인지 능력을 약화 또는 무력화하는 데 중점을 둔 '인지전쟁Recognition War'을 수행해야 한다. 우리의 인지 영역에 대한 적의 공격을 효과적으로 방어하고 적의 인지 영역에 대한 우리의 공격이 효과를 거둘 수 있도록 전쟁을 억제하고 수행하는 방책들을 마련하고 적용하는 데 역점을 두어야 한다.

2023년 10월 발발한 이스라엘-하마스의 전쟁에서 보듯이, 하마스의 대량 테러 형태의 놀라운 기습 공격과 이스라엘의 전면적 보복 작전으로 말미암아 무고한 인명의 무수한 희생을 가져왔다. 하마스의 공격 의도는 우선적으로 이스라엘의 대량 보복을 유발하여 이슬라엘의 거침없는 군사작전에 대해 아랍국가들이 거부감을 갖게 하는 데 있었다. 그리하여 하마스는 사우디아라비아와 이란의 재수교에 이은 이스라엘과 사우디아라비아의 국교 정상화 노력을 비롯한 중동지역 국가들 사이의 대화와 화해 흐름을 파괴하는 결과를 얻어서 자신들의 정치적 입지를 회복하는 데 목적을 두고 있었다.

이스라엘의 일관된 전쟁 목표는 야히야 신와르가 이끄는 하마스 지도부를 제거하고 하마스 전체 조직을 궤멸하는 데 있었다. 이스라엘은 전쟁이 진행되는 동안 여러 차례 어떤 형태의 휴전 또는 평화에 관한 협상에 임하더라도 이 전쟁 목표를 포기한 적이 없었다. 결국 이스라엘은 가용 군사력을 비롯한 모든 국력을 집중하여 전쟁의 최초 목표를 달성한 후에 휴전에 합의했지만, 이후에도 이스라엘은 가자지구를 완전히 통제할 수 있어야 자국이 안전하다는 목표를 세워 하마스 잔존 세력의 근거지를 제거하기 위해 맞춤형 군사공격을 이어갔다.

전쟁을 지배하는 삼위일체
_ 국민, 군대, 정부의 역동적 상호작용

> **명제 ❺**
>
> 전쟁은 전쟁을 지배하는 성향들과 연관된 전체 현상에 따른 경이로운 삼위일체이다.
>
> - Der Krieg ist auch seinen Gesamterscheinungugen nach, in Beziehung auf die in ihm herrschenden Tendenzen eine wunderliche Dreifaltigkeit.
> - As a total phenomenon its dominant tendencies always make war a paradoxical trinity.

클라우제비츠는 『전쟁론』 '제1편 전쟁의 본성 1장 전쟁이란 무엇인가' '28항 전쟁 이론을 위한 결론'에서, 전쟁은 전쟁을 지배하는 성향들과 연관된 전체 현상이 조성하는 하나의 경이로운 삼위일체라고 정의한다.

전쟁은 국민, 군사지도부와 군대, 정부^{정치지도부} 등 세 개의 주체가 상호 작용하며 지배하는 현상이다. 이들 국가 차원의 삼위^{三位}는 서로 끌어당기고 밀어내며 영향을 주고받는 속성이 있다. 따라서 우리는 이 삼위가 조화롭게 역동적인 균형을 이루도록 전쟁을 계획·준비·실행할 수 있어야 한다.

클라우제비츠는 국민의 불타는 열정과 불굴의 의지가 뒷받침되지 않으면 정부가 세운 전쟁의 목적과 군사 작전의 목표를 이룰 수 없다고 단언한다. 이어서 그는 군사지도부와 군대가 지닌 특성과 역량에 따라 군사지휘관들의 용기와 재능이 확률과 우연이 지배하는 전장에서 어떤 효과를 발휘하는가를 좌우한다고 적시한다. 정치지도부^{정부}는 정치적 목적을 설정하고 그 목적 달성에 필요한 제반 노력의 크기를 결정하고, 그 노력이 어떤 효과를 낳았는가를 평가하는 역할을 담당한다. 정부는 무력 수단인 군대를 운용하여 전쟁의 목적을 구현하는 주체이다. 정치지도부의 핵심인 정부는 군사지도부의 군사적 보좌를 받아 전쟁을 억제하고 수행한다.

클라우제비츠의 삼위일체론을 지그문트 프로이트[Siegmund Freud]의 정신구조론에 대입해 보면 전쟁을 지배하는 삼위의 관계를 좀 더 쉽게 이해할 수 있을 것이다. 정부는 윤리적·사회적 규범을 자아[Ego]에 제정하는 초자아[Superego]로서, 전쟁 문제에 관해 군대보다 상위에서 외교·정보·경제 분야의 조치를 포괄적으로 고려하여 더욱 이성적이고 냉정하게 사유할 수 있다. 군대는 초자아의 요구와 본능[Id]의 욕구를 조절하여 현실적으로 표현하는 자아[Ego]로서, 정부와 정치지도부의 요구와 국민의 욕구와 여론에 기반을 두어 군사 작전을 수행한다. 그리고 국민은 삶의 본능[Eros]과 죽음의 본능[Thanatos]으로 구성된 본능[Id]에 비유할 수 있으며 전쟁 억제와 승리에의 의지와 열정의 원천이지만 군중 심리와 선전·선동에 예민하게 반응하는 성향이 있다.[22]

훗날 미국 합동참모의장과 국무부 장관을 역임했던 콜린 파웰[Colin Powell] 대령은 베트남 전쟁에서 미국이 실패한 근본 원인을 클라우제비츠의 삼위일체론에서 찾았다.[23]

그는 클라우제비츠의 가장 위대한 교훈은 애국심, 용기, 기량 등 군인의 모든 역량은 국가 차원의 삼위일체를 이루는 하나의 축에 불과하다고 인식했다. 모든 삼위, 즉 군대, 정부, 국민의 유기적 관여 없이는 어떤 전쟁 사업도 바로 설

수 없다고 비판했다.

파웰은 아래 클라우제비츠의 명제를 인용하면서, 미국이 어떤 정치적 목적을 세웠으며 또 전쟁을 통해 무엇을 성취하려 했는지 명료하지 않았다고 지적했다.

"우리는 전쟁을 통해 무엇을 성취하고 또 어떻게 전쟁을 수행할 것인가를 명확히 고려하지 않은 채 전쟁을 시작하지 않으며, 상식적으로 그렇게 전쟁을 시작할 수도 없다. 여기서 전자는 정치적 목적이며 후자는 작전적 목표이다. 이러한 기본 사상에 의해 모든 방향이 설정되고 에너지의 규모, 수단, 척도가 결정된다. 이 기본 사상은 작전 행동의 세세한 부분까지 깊숙이 영향을 미친다." (『전쟁론』 '제8편 전쟁 계획 2장 절대적 전쟁과 현실적 전쟁')

이어서 파웰은 클라우제비츠의 삼위일체적 명제를 근거로 "군사지도부가 아닌 정치지도부가 전쟁의 목표를 설정해야 하고 군대는 그 목표를 성취하는 역할을 해야 했다"라고 강조했다.

과거로 회귀할수록 전쟁에서 정치보다 군사의 역할 비중이 컸다. 현재는 군사보다 정치의 역할 비중이 커져 있다. 그리고 미래로 갈수록 군사보다 정치의 역할 비중이 더 커지는 추세이다. 정부는 군사는 물론, 외교, 경제, 정보, 과학 등의 영역에서 전쟁을 효과적으로 억제하고 전승으로 이끄는 데 필요한 포괄적 조치들을 적절히 선택하고 배합하여 조화롭게 실행해야 한다.

7장

동맹과 집단안보의 논리
_ 유럽의 천 년 역사가 증명하는 것

명제 ❻

오늘날 유럽이 천 년 넘게 존재하는 이유는 유럽 국가들 사이의 보편적 이해관계 때문이다. 유럽의 모든 국가들의 집단적 안보가 개별 국가를 보전하는 데 항상 충분한 기능을 하지 못했던 원인은 하나의 전체인 안보 체제의 생명이 불규칙적으로 유지된 데 있었다. 그러나 이 불규칙성이 안보 체제를 파괴하기보다 그 불규칙성은 안보체제에 의해 압도되었다.

• Wenn also das jetzige Europa über 1,000 Jahre besteht, so können wir diese Wirkung nur jener Tendenz der Gesamtinteressen

> zuschreiben, und wenn des Ganzen nicht immer zur Erhaltung jedes einzelnen hingereicht hat, so sind das Unregelmäßigkeiten in dem Leben dieses Ganzen, die aber dasselbe doch nicht zerstört haben, sondern von ihm überwältigt worden sind.
>
> • The fact that Europe, as we know it, has existed for over a thousand years can only be explained by the operation of these general interests; and if collective security has not always sufficed to maintain the integrity of each individual state, the fact should be ascribed to irregularities in the life of system as a whole which instead of destroying were absorbed into it.

클라우제비츠는 『전쟁론』 '제6편 방어 6장 방어 수단의 범위'에서, 유럽의 집단 안보체제 또는 동맹 체제의 역사를 통시적으로 조명하면서 힘의 균형 원리를 중심으로 그 유용성과 한계성에 관해 논의한다.

실제로 유럽 대륙에서 각국은 대내외 정책과 이해관계의 변화에 따라 어제의 적을 오늘의 친구로 선택하여 동맹 체제를 형성하고 어제의 친구를 오늘의 적으로 적대하는 과정을 무수히 반복했다. 여러 안보동맹 체제의 결성과 해체를 거듭하는 불규칙성과 불안정성을 보였지만, 기존 안보동맹

체제가 지속되지 못하거나 무너진 상황에서도 다시 새로운 안보동맹 체제를 결성하여 결국 안정과 평화를 되찾을 수 있었다.

클라우제비츠의 안보동맹에 관한 고찰에는 임마누엘 칸트의 논리가 영향을 준 것으로 보인다. 칸트의 『영구평화론』에 따르면, 국가는 소유물이 아니다. 국가는 고유한 뿌리를 지닌 나무줄기와 같아서 접붙이기처럼 한 국가가 다른 국가와 합병될 경우 도덕적 인격체로서 국가의 존재 자체는 파괴되는 것이다. 모든 국가의 인권과 권리는 자국만의 고유한 힘과 독자적 법적 판단이 아니라, 국제연맹이라는 대형 공동체의 통일된 힘과 의지의 법칙, 즉 전쟁 조약이나 평화 조약에 의해 보장받을 수 있다.

클라우제비츠는 국가들 사이의 상호 지원을 위해 어느 편이 침략을 하느냐에 따라 공격 동맹 또는 방어 동맹을 맺는 것이 유럽 정치의 전통이라면서 그렇다고 어떤 동맹 관계 속에서도 어떤 동맹 파트너의 적대 및 이해관계가 다른 동맹 파트너의 그것과 반드시 일치하는 것이 아니라고 지적한다. 그는 크고 작은 국가와 국민의 이해관계는 다양하고 변화무쌍한 형태로 교차하며, 이 각각의 교차점들은 단단한 매듭을 만든다고 형용하면서, 그 매듭 속에서 한 국가의 이익과 다른 국가의 이익이 균형을 이루고 그 매듭들에 의해 전체적인 연계성이 형성되어 어떤 변화들을 극복하는 상호작용이 일어난다고 설파한다.

이처럼 안보동맹 체제를 이룬 국가들 사이의 전반적 상호관계 발전은 불안정성을 초래하기보다는 상호 안정을 유지하는 데 기여했으며, 군사력이 내포된 정치적 힘의 균형은 여러 국가가 다각적으로 접촉하고 교류하는 가운데 자연적으로 생성됨을 알 수 있고, 다음과 같이 논의해 볼 수 있을 것이다. 첫째, 국가와 국가 사이에 힘의 균형이 유지되면 지역적으로 또는 세계적으로 안정과 평화가 유지된다. 둘째, 힘의 균형은 국가이익의 균형, 정치적 힘의 균형, 군사적 힘의 균형 등의 형태로 나타난다. 역사적으로, 국가와 국가, 국민과 국민의 이해관계 속에서 어떤 국가가 독자 이익을 추구하거나 국가들 사이에 공동이익이 부족하게 되면 전쟁이 발발한다. 셋째, 공동이익과 가치를 식별하고 이를 수호하기 위해 결성한 동맹 체제는 효과적으로 작동하여 힘의 균형과 안정에 기여한다.

이와 함께 클라우제비츠는 국가가 집단 안보체제에 지나치게 의존할 경우 불안정성이 커지는 문제에 대해서도 다음과 같이 경고하고 있다.

첫째, 우리나라처럼 침략전쟁을 부인하는 국가라면, 많은 국가들이 그 존재 가치를 중요하게 여길 것이다. 그리고 그 국가의 정치 및 군사 상황이 견실할수록 다른 국가들로부터 지원받을 수 있는 전략적 여건은 더욱 유리해진다.

둘째, 유사시 어떤 국가를 지원하는 동맹국 또는 우방국들이 그 국가가 지향하는 목적을 지원할 수 있다. 그러나 지원국의 목적을 피지원국의 목적과 동일시할 만큼 중요하게 여기지 않을 것이기 때문에 대체로 평범한 수준의 지원군을 파견하고, 그 지원적 역할이 제한적 수준의 성과밖에 거두지 못한 상태임에도 불구하고 조기 철수를 시도할 위험이 상존할 것이다.

셋째, 동맹국들이 어떤 침략자와 맞서는 전쟁에서, "우리는 제3국을 공동의 적으로 간주해 반드시 격멸해야 하며 그렇지 않으면 적에 의해 격멸될 것이다"라는 굳건한 인식을 항상 동일한 정도로 견지할 수 없으며, 이 문제는 때때로 상거래 방식으로 해결해야 한다. 따라서 각 동맹국은 극복해야 할 위험과 기대할 수 있는 이익의 크기에 따라 주식투자를 하듯이 적절한 규모의 지원 병력만을 전쟁에 투자하며 더 이상 잃을 것이 없는 것처럼 행동할 위험성이 상존한다.

한반도에서는 북한의 핵무기 보유로 그동안 재래식 군사력 면에서 북한군의 양적 우위를 우리 군의 질적 우위로 상쇄하여 유지해 온 남북한 군사력의 균형이 무너진 상태이다. 우리는 비핵국가로서 동맹국 미국의 핵우산 및 확장억제 제공 공약은 물론, 북한의 핵무기 사용 협박, 사용 임박, 실제 사용 등의 국면에서 한미가 협의하여 대처할 수 있는 제도적 장치에 절대적으로 의존할 수밖에 없다.

역사 속에서 국제 질서의 변화는 국가 간에 평형을 이루려는 힘겨루기에서 일어났다. 우리 시대의 목표는 전쟁의 참화를 억제하면서 평형을 성취해야 하는 데 있다. 이론적으로 힘의 균형은 계산이 가능하다. 그러나 실제로 어떤 국가의 계산과 다른 국가들의 계산 사이에서 쉽게 조화를 이루거나 어떤 한계에 대해 공통 인식에 도달하기는 매우 어렵다. 이러한 관점에서 우리는 국가 대(大)전략을 세워 한반도·동북아에서 힘의 균형을 변증법적으로 추구하는 한미 동맹의 전략과 우리의 군사전략을 수립하여 군사력 운용과 건설의 술(術)을 능동적으로 구사해야 마땅하다.

한반도 힘의 균형을 되찾는 열쇠는 한미 동맹전략의 탄력성 유지에 있다. 우리가 누리는 경제·문화적 풍요가 군사적 균형을 보정해 준다는 착각은 금물이다. 조용하던 북한

이 언제 핵 도발 또는 핵그림자 도발로 표변할지는 김정은만이 알고 있지 않은가.

김정은은 2022년 4월 25일 열병식에서 마치 푸틴을 따라하듯이 "국가 근본 이익 침탈 시 핵무기를 사용할 수 있다"며 핵무기 사용 조건을 확장했다. 이어서 북한은 중앙군사위원회를 개최하여 전선부대들의 작전임무를 추가 확정하여 작전계획 수정사업을 진행2022년 6월 21일했다고 전술핵의 전진 배치를 예고했다. 2024년 8월 5일 김정은은 신형 전술탄도미사일 250기를 전선부대들에 배치하여 전술핵의 실용적 측면에서도 효과성을 제고하게 됐다고 강조했다.

이러한 위기의식 속에서 한미 동맹이 함께 공동으로 던져야 할 기본 물음이 있다. 첫째, 북한의 핵무기 사용을 예방하기 위해 지금의 한미 공약과 연합군사능력 및 태세를 넘어 넘어 어떤 추가적인 노력이 필요한가? 둘째, 북한이 핵그림자 속에서 재래식 군사 도발을 자행하는 상황에 직면할 경우 우리는 북한이 핵 문턱nuclear threshold을 넘지 않도록 제어하면서 어떤 비례적 보복 조치를 취할 것인가? 셋째, 북한이 우리의 예방 또는 억제 노력에도 불구하고 기어이 핵무기를 사용한다면, 북한의 추가적인 핵무기 사용을 단념시키기 위해 우리는 어떤 즉응 조치들을 실행할 것인가? 그리고 상호

보복적 핵사용의 연쇄를 끊기 위해 어떤 전략적 고려와 억제적 보복위협이 필요한가? 등에 대해 한미 동맹 차원에서 적절한 해법을 준비하고 실행에 옮겨야 한다.

한미 동맹관계의 미래 모습은 '포괄적 전략동맹'Comprehensive Strategic Alliance이면서, '핵동맹'Nuclear Alliance이어야 한다. 한미 동맹은 1953년 군사 동맹으로 출발했지만, 이제는 외교, 정보, 경제, 문화 등의 분야에서도 진화를 가속해야 하며 한반도를 넘어 인도·태평양지역과 세계 차원에서 전략적 파트너십을 확대해야 할 것이다.

한미 '포괄적 전략동맹'은 지난 시대의 배타적 '군사동맹'과는 달리 주변국을 포용하는 노선을 지향해야 할 것이다. 한미 동맹에 대한 다양한 위협과 도전 요인은 북한, 중국, 러시아와의 대화와 협력적 노력을 통해 공동으로 극복하지 않으면 안 된다. 그러나 북한에 의해 가중되는 입체적 위협은 물론, 동아시아 질서의 불안정성을 야기하는 중국의 강압적 외교와 군사행동, 러시아가 북한에게 전략물자를 제공하는 문제 등에 대해서는 한미 동맹 차원에서 시의적절한 억제적 위협deterrent-threat 조치를 취해야 한다.

한미 양국은 2011년 확장억제 정책위원회를 설치하여 북핵 위협에 대한 맞춤형 억제체제를 발전시켜 왔다. 그러나 그동안 더 커진 북핵 위험은 한미 동맹체제 내부에서 새로운 '핵억제와 핵보장의 딜레마'를 초래했다. 언제든지 북한은 자신들의 필요에 따라 추가 핵실험에 그치지 않고, '핵그림자$^{nuclear\ shadow}$' 속에서 재래식 국지 분쟁을 일으킬 위험도 상존한다. 미국은 한반도 재래식 분쟁이 핵전으로 비화하지 않도록 억제할 수 있다고 장담할지 모르지만, 한국의 입장에는 코앞의 북핵 위협으로부터 정치·심리적으로 보다 더 안심할 수 있는 한미동맹 차원의 제도적 안전 장치가 필요하다.

  이러한 맥락에서 한미 양국이 2023년 4월 워싱턴 선언을 통해 한미 핵협의그룹$^{Nuclear\ Consultative\ Group}$ 설치에 합의한 것은 그나마 다행이다. 이 협의체 내에서 한미 양국은 한반도 핵정책 및 전력태세 기획, 핵위기관리 메커니즘, 핵운반 및 엄호절차 훈련, 전술핵非전략핵 전진배치 태세 조정 등의 의제들에 관해 공동으로 협의하고 결정할 수 있는 정치적·군사적 책임을 공유해야 한다. 그러면 한국은 미국의 핵 운용 계획·준비·실행과정에서 긴밀히 협조하게 되어 실질적 핵 공유체제$^{Nuclear\ Sharing\ System}$를 가동하는 효과를 얻을 수 있다. 이와 병행하여 우리의 자강 노력은 지속해야 한다. 한국형 3축체계를 고도화함과 동시에, 한미 미사일 방어체계의 통합적 상호운용성을 향상시켜야 한다.

북한 핵·미사일 능력 증강, 특히 전술핵의 전선 배치 등의 변화된 위협을 억제하고 대처하기 위해 한미연합작전계획은 주기적으로 수정·보완해야 한다. 이러한 노력은 한미연합군의 위기관리, 준비태세, 교육훈련 관리에 결정적 영향을 미친다. 그리고 북한 정권이 내부 통제력을 상실하게 되는 불안정사태(急變 사태)를 상정하여 우리 정부 유관 기능의 통합적 조치가 가능토록 대비 계획 및 체계는 물론, 한미 연합 대비 계획 및 체계의 최신화 작업이 필요하다.

강력한 한미 연합방위태세는 오로지 실전적 훈련의 산물이며, 대규모 실병 연합훈련의 중단과 축소는 대북 억제력의 약화로 이어짐은 자명한 이치이다. 한미 군사연습과 정부연습을 통합하여 충무 기본계획-집행계획-실시계획의 연계성과 실효성을 검증하고, 정부 차원에서 국방부·합참의 군사위기조치 및 작전 수행을 지원하는 절차, 즉 충무사태별 조치사항의 처리와 동원절차 연습 등을 체득해야 한다.[24][25]

한미 전시 작전통제권 전환은 미국과의 굳건한 상호 신뢰 속에서 필요한 조건들을 충족하여 적정시기에 안정적으로 완성할 수 있어야 한다. 나아가 한미 동맹의 역사 속에서 전통적으로 진화해 온 연합 협의체·계획·체계·조직 형태의 안보기제들이 탄력성을 유지하도록 최선을 다한다면 전작권 전환을 위한 충분한 조건도 갖추게 될 것이다. 한반도 평화와 안정은 한·미 연합방위체제를 근간으로 유지되고 있다. 이 체제는 북한 위협뿐만 아니라 주변국의 잠재적 도전 요인들을 억제하는 태세를 갖추고 있다. 무엇보다 전시 작전통제권을 전환 이후 한국군이 연합 방위를 주도할 핵심 능력이 검증돼야 한다. 예컨대 한국형 3축 체제^{미사일 방어KAMD, 킬체인Kill Chain, 대량응징보복KMPR} 등 자강 노력은 어디에 역점을 둬야 할지 숙의하고, 동맹국 미국이 보완전력^{Bridging Capability}과 지속전력^{Sustaining Capability}의 지원을 어떻게 보장하는지 한미 국방·외교 관계자들이 머리를 맞대야 한다.

유엔사의 존재 이유는 평시 정전체제의 안정을 유지하고, 전시에는 외교 경로로 유엔사 회원국들과 유엔 회원국들이 제공하는 병력과 물자를 확보하여 한미 연합작전 수행을 지원하는 데 있다. 한국 정부가 유엔사의 참모조직에 한국군 장교를 보직하여 운용하고, 전작권 전환에 대비하는 차원에서 유엔사와 미래 연합사의 상호 관계에 관한 협의를 진행하여 유엔사가 고유 기능을 정상적으로 발휘하도록 조력하는 것은 우리의 안보이익에 부합한다. 유엔사는 다국적 협력의 틀을 제공하며 한반도 안정 뿐만 아니라 동북아 전략 균형에 기여하는 유능한 안보 기제다. 유엔사의 전략적 가치는 우리 외교가 북한 비핵화를 위해 강압 외교를 전개하고 주변국의 도전 요인을 관리하는 과정에서 외교적 교섭 공간을 넓혀준다는 데 있다.

한일 군사비밀보호협정GSOMIA은 한일 문제이면서 한미 동맹의 문제이다. 한미 동맹의 협력적 안보는 한미와 한일이 공동으로 생산하고 평가한 군사 정보를 공유하는 것에서 출발한다. 미국 다음으로 북한 위협 정보를 제공할 나라가 일본 말고 또 어디에 있는가. 한국과 일본 사이에는 군사교류 협력의 인프라가 적정수준으로 구축되어 있다. 한일 군사비밀보호협정이 제공하는 보안망을 활용하여 한미일 또는 한일 사이에 합의한 정례 및 수시 북핵미사일 정보 분석 회의, 북한 미사일 경보훈련, 북한 잠수함 추적훈련 등을 활성화해야 한다.

2021년 5월 22일 한미 정상은 한미 동맹의 지역적 파트너십 발전에 관해 기본 합의를 이루었다.[26] 2022년 5월 21일 한미 대통령은 글로벌 포괄적 전략동맹의 비전과 함께 한미 동맹이 인도·태평양 지역의 평화와 번영과 안보의 핵심축임을 확인하면서 경제와 안보 분야에서 구체적 실천 노선을 제시했다. 이 합의를 근거로 태평양·인도 지역 내 군사적 협력 의제로서 미국의 동맹국인 한국이 항행의 자유 작전에 참여하는 것은 명분이 있고 자연스럽다. 이미 2021년부터 미국의 유럽 동맹국인 영국의 퀸 엘리자베스 항모전투단과 독일의 호위함이 남중국해를 횡단하는 항행의 자유 작전에 참여하기 시작했다.

2025년 8월 26일 한미 정상회담을 계기로 대두된 한미 동맹의 현대화에 관한 담론은 여러 중요한 전략적 의제들을 내포하고 있다. 한미 양국은 이에 관한 개별 의제는 물론 개별 의제들의 상관관계까지 한미 연합방위태세를 최적화한다는 목적론적 관점에서 다뤄야 할 것이다. 예컨대 한반도와 인도·태평양 지역의 안보환경 변화 추세에 따른 주한미군의 역할 재조정, 한반도 전구 운영과 연계된 미군 전력의 전략적 유연성 적용, 전시 작전통제권 전환, 국방비 및 방위비 분담금 증액 등의 문제에 대한 통시적·공시적 접근이 이루어져야 한다.

모든 동맹체제는 전략환경과 시대정신의 변화에 따라 그 구조와 운영 문제를 재정의하고 재조정하는 과정을 거쳐야 한다. 1953년 결성된 한미 동맹체제 내에서 한반도 전쟁 억제와 방위를 위한 한국군이 담당하는 역할-임무-능력rolemission-capability의 비중은 시간이 흐를수록 점점 더 높아져 왔다. 이러한 추세는 우리가 자강 노력을 멈추지 않는 한 지속될 것이다. 나아가 한미 동맹이 인도·태평양 지역과 세계 무대에서 발휘해야 하는 전략적 파트너십은 지리적 외연을 확장하는데 그치지 않고, 군사 협력을 넘어 경제 안보체제로 진화하여 조선MASGA, 반도체, 인공지능AI, 원자력 등 첨단산업 협력을 증진하고 주요 전략물자의 안정적 공급망을 확보해야 할 것이다.

제3부
승리의 요건

_ 마찰과 안개를 극복하는 군사적 천재와
그의 군대

저항의 공간, 마찰의 세계
_ 왜 마음먹은 대로 되지 않는가

> **명제 ❼**
>
> 이 엄청난 마찰은 역학에서처럼 몇몇 지점에만 국한되지 않는다. 이 마찰은 어디서든지 우연과 만나게 되면서 예측할 수 없는 현상들을 초래한다. 전쟁에서의 행동은 저항이 큰 물질 속에서의 운동이다.
>
> - Die entsetzliche Friktion, die sich nicht wie in der Mechanik auf wenig Punkte konzentrieren läßt, ist des wegen überall im Kontakt mit dem Zufall und bring dann Erscheinungen hervor, die sich gar nicht berechnen lassen. Das Handeln im Krieg ist eine

> Bewegung im erschwerenden Mittel.
>
> - This tremendous friction, which cannot, as in mechanics, be reduced to a few points, is everywhere in contact with chance, and bring about effects that cannot be measured, just because they are largely due to chance. Action in war is like movement in a resistant element.

클라우제비츠는 『전쟁론』 '제1편 전쟁의 본성 7장 전쟁에서의 마찰'에서, 전쟁은 마찰의 영역이고 불확실성의 영역이며 여기에 우연이 더해지면 모든 상황의 불확실성이 증대하여 모든 활동의 진행을 방해한다면서, 전쟁에서 행동의 기초가 되는 요인의 4분의 3은 다분히 불확실성의 안개 속에 둘러싸여 있다고 통찰한다.

전쟁에서는 대부분의 군사 활동이 생명의 위험 속에서 이루어지고, 군인은 정신적 고통과 육체적 피로가 극한에 이르는 상태에서도 임무를 수행할 수 있어야 한다. 전장에서는 적군의 상황은 물론, 아군이 처한 상황을 파악하기 곤란할 정도로 정보의 불확실성이 지배한다. 더욱이 모든 정보와 가정이 불확실성을 지니고 우연이 수시로 개입하기 때문에, 우리의 작전 구상과 계획과 실시의 과정에서 여러 예기치 못한 변수들이 나타나기 마련이다.

  미래 전쟁의 실상을 제대로 상상하지 못하면 실효적인 대비책을 마련하기 어렵다. 그러나 우리는 전쟁을 직접 체험한 결과 또는 다른 나라가 수행한 전쟁에서 도출된 교훈을 바탕으로 어떤 군사 능력을 건설하고 어떻게 배비하고 단련할 것인지 설계할 수 있다. 그럼에도 미래 전쟁을 준비하는 단계에서 전쟁에 미치는 모든 영향 요인을 완벽하게 예측하는 데에는 한계가 있을 수밖에 없다.

  클라우제비츠는 포탄과 총알이 빗발치는 전장 실상을 상세히 묘사하는 가운데, 전쟁과 전투 작전에서 모든 인간은 생명을 잃거나 상처를 입을 위험 때문에 죽음에 대한 공포와 불안 심리에 의해 지배받는다고 파악한다. 이러한 극단적 상황에서 평범한 군인은 정신 활동을 정상적으로 유지하기 어려우며 직책상 책임이 클수록 더 어려울 수밖에 없다. 이를 극복하기 위해 우리는 특별한 용기와 명예심을 발휘해야 하며 위험 상황에 친숙하는 노력을 경주해야 한다.

  클라우제비츠는 전쟁과 전투 작전에서 인간이 느끼는 추위, 더위, 굶주림, 피로 등의 육체적 고통을 어떻게 견디고 그 한계를 극복하느냐에 따라 승패가 좌우된다고 적시한다. 나아가 그는 강한 어깨와 팔을 가진 궁수만이 활의 시위를 극도로 팽팽하게 당길 수 있는 것처럼, 강인한 정신력과 체력을 지닌 지휘관만이 전쟁에서 예하 전투력을 강인하게 긴장시킬 수 있다고 서술한다.

클라우제비츠는 전쟁과 전투 작전에서 수집하는 정보는 많은 부분에서 모순이 있으며, 많은 부분은 오류이고 많은 부분은 불확실하다고 규정한다. 더욱이 위험한 상황들은 파도처럼 스스로 가라앉기도 하고 뚜렷한 원인도 없이 다시 밀려나기도 한다면서, 지휘관은 밀려오는 파도를 부서지게 하는 바위처럼 자기의 인식과 판단에 대해 확고한 신념을 가져야 한다고 강조한다.

클라우제비츠는 전쟁과 전투 작전에서 행동은 저항이 큰 물질 속에서의 운동에 비유할 수 있으며, 이러한 마찰 현상이 여러 갈래로 나타나 어떤 순간에 우연과 만나면 더 복잡하고 어려운 상태가 된다고 통찰한다. 전쟁에서 우리가 직면하게 되는 포괄적 의미의 마찰은 다름 아닌 위험한 상황, 정신적·체력적 한계, 정보의 불확실성 등을 일컫는 것이다.

전쟁과 전투 작전에서 직면하게 되는 여러 마찰 요소들로 말미암은 심리적 불안과 공포를 극복하고 임무를 완수하기 위해서는 실전 체험을 통해 전쟁 습관을 기르거나, 평소 실전에 가까운 상황 조건을 조성하여 실전적 훈련을 통해 전술전기를 연마해야 할 것이다.

혜안과 결단력
_ 어둠 속에서 어둠 속에서 진리의 빛을 좇는 힘

> **명제 ❽**
>
> 위대한 정신의 인물이 이와 같이 예기치 않은 요인과의 끊임없는 싸움을 성공적으로 극복하려면 두 가지 자질을 필수적으로 구비해야 한다. 하나는 암흑 속에서 그를 진리로 이끄는 내면의 불빛 흔적에 비유되는 이성이요, 다른 하나는 이 희미한 불빛을 좇는 용기이다. 전자는 프랑스어의 회화적 표현에 의하면 혜안$^{\text{coup d'oeil}}$14이며 후자는 결단력이다.
>
> • Soll er nun diesen beständigen Streit mit dem Unerwarteten glücklich bestehen, so sind ihm zwei Eigenschaften unentbehrlich:

> einmal ein Verstand, der auch in dieser gesteigerten Dunkelheit nicht ohne einige Spuren des inneren Lichts ist, die ihn zur Wahrheit führen, und dann Mut, diesem schwachen Lichte zu folgen. Der erste ist bildlich mit dem französischen Ausdruck coup d'oei bezeichnet worden, der andere ist die Entschlossenheit.
>
> • If the mind is to emerge unscathed from this relentless struggle with the unforseen, two qualities are indispensible: first, an intellect that, even in the darkest hour, retains some glimmerings of the inner light which leads to truth; and second, courage to follow this faint light wherever it may lead. The first is described by the French term coup d'oei; the second is determination.

    클라우제비츠는 『전쟁론』 '제3편 전략 4장 주요 정신 능력'에서, 전쟁에 필요한 주요 정신적 능력은 군사 지휘관의 재능, 군의 무덕武德, 군에 내재한 국민정신으로 구성된다고 정의한다.[27] 이 중에서 첫 번째 구비 요소인 군사 지휘관의 재능에 관해서는 『전쟁론』 '제1편 전쟁의 본성 3장 군사적 천재'에서, 군사적 천재를 정의하고 군사적 천재가 구비해야 할 이성적·감성적 요건과 유형을 제시한다.

    임마누엘 칸트는 예술 영역에서의 천재에 관해 예술작품

을 모범적으로 창작하는 타고난 능력으로서 어떤 규칙^{법칙}도 만들어 낼 수 없는 것을 만들어 내는 상상력을 소유한 인물로 정의한다. 여기서 클라우제비츠는 한 걸음 더 나아가서, 군사적 천재에게는 전쟁과 전장에 대한 상상력은 물론, 특별한 용기가 필요하다고 역설한다. 그 용기는 전쟁과 같은 위험의 영역에서 발휘되는 최고의 정신 능력이며 총명한 계산적 사고와 조화를 이뤄야 한다고 강조한다.

천재는 어떤 전문 분야에서 뛰어나서 그 권위를 인정받는 대가大家이며, 군사적 천재는 전쟁과 군사 문제의 대가大家이다. 군사적 천재는 모든 이성적·감성적 요소의 조화로운 배합체로서 군사 및 역사 연구, 군사 제도 및 교육훈련 혁신, 군사력 건설, 전쟁 구상·계획·준비·수행 등의 분야에서 선도적인 역할을 감당할 수 있는 고도의 정신역량을 갖춘 인물이라고 정의할 수 있을 것이다.

클라우제비츠는 군사적 천재에게 필요한 대표적 자질로 '꾸데이'$^{coup\ d'oeil}$, 즉 혜안과 더불어 결단력을 제시하며, 혜안과 용기를 갖춘 군사적 천재는 전쟁의 원칙들을 어떤 마찰 현상 속에서도 시의적절하게 적용할 수 있는 직관을 갖춘 인물이라고 형용한다.

혜안은 평범한 사람들의 눈에는 전혀 보이지 않거나 오랜 사색 끝에 볼 수 있는 진리와 사물의 본질을 신속하게 파악하는 안목, 즉 직관으로 해석할 수 있다. 이 직관은 인간 내면에 축적된 개념이 고도화되면서 발휘된다. 개념은 어떤 사물이나 현상을 파악하는 데 필요한 지식 또는 관념이다. 지식 또는 관념은 체계적인 학교 수업과 꾸준한 자기 학습을 통해 추구하고 형성할 수 있다.

복잡한 전쟁 양상 또는 긴박한 전투 작전 현장의 상황을 제대로 판단하려면 눈에 보이는 현상에만 의존하지 않고 현상 이면의 요인들을 통찰할 줄 아는 직관이 필요하다. 더욱이 시간적·공간적·신체적·심리적 제약과 마찰 속에서 최적의 판단과 건전한 결심을 수립하기 어렵기 때문에 직관은 승패의 결정요인으로 작용하게 된다.

클라우제비츠는 용기와 판단력이 조화를 이뤄야 자기 확신에 이르게 된다면서, 용기는 정신적 용기와 육체적 용기를 포괄하며 최고의 판단력은 면학과 반성적 사고, 그리고 경험의 결과로 얻을 수 있는 통찰력이라고 부연한다. 또한 용기는 통찰력에 날개를 달아줌으로써, 군사적 천재가 더욱 멀리 비상하고 시야를 넓혀 최적의 결론에 도달하게 만들어 준다고 강조한다.

군사지휘관 및 참모의 전장 상황에 대한 상상 및 표상 역량은 전쟁과 전투 작전의 승패를 좌우하는 핵심 능력이다. 전장에서 일어나는 우리와 적의 상호 작용은 우리의 조치에 대한 적의 대응과 적의 조치에 대한 우리의 대응이다. 다시 말하면 작용과 반작용이 연쇄하는 전쟁 양상과 전투 작전 양상을 예측하고 가시화하기 위한 노력과 함께, 전장 상황 흐름과 변화에 대해 논리적·직관적으로 상상하고 표상하는 노력은 전쟁과 전투 작전을 기획·준비·실행·평가하는 순환체계를 구동하는 중심 원리이다.

사막의 여우로 불린 에르빈 롬멜Erwin Rommel 장군은 북아프리카 전선에서 군수지원이 순조롭지 못한 불리한 상황 조건에서도 연전연승했기 때문에 독일군은 물론 적이었던 영국군으로부터도 존경을 받았다. 그가 승리한 비결은 다름 아닌 치밀한 전투 준비에 있었다. 롬멜 예하 지휘관과 참모들은 전투 준비 단계에서 다양한 방책들을 구상하고 준비해 놓은 상태에서, 실제 전투 현장에서 식별한 적군의 공격 또는 방어의 특징에 맞춰 적군보다 먼저 적합한 방책을 선택하여 적용함으로써 모든 요소가 유기적으로 작동하는 협조된 작전 행동을 취할 수 있었다. 이처럼 우리가 전투 작전을 준비하는 과정에서 싸우는 방법에 관해 적보다 더 상상하고 표상하고 더 숙달할 수 있다면 문자 그대로 이겨놓고 싸우는 조건을 형성하는 것이다.

그러면 클라우제비츠가 제시한 대로, 비범한 인격과 역량을 갖춘 군사적 천재를 어떻게 길러내야 하는가? 여러 방법론이 제시될 수 있지만, 우리의 모든 노력은 '군사 전문 직업주의'Military Professionalism 철학과 가치를 구현하는 데 집중해야 할 것이다. 무엇보다 우리 장교 교육체계의 현실과 문제 전반에 대해 남길 것, 바꿀 것, 버릴 것, 더할 것 등으로 분류하는 방식을 적용하여 재평가하고 재설계해야 한다. 이러한 과정을 거쳐 마련된 새로운 장교 교육체계 및 프로그램에 따라 학교 및 야전부대에서 일관성 있게 수업을 진행한다면, 중·장기적 미래에 우리 장교단은 우리가 지향하는 군사전문직업주의 의식과 문화를 형성하게 될 것이다.

장교의 군사전문적 역량을 배양하려면 군사학, 군사사학^{전쟁사}, 국가안보학, 민군관계학, 교육사회학 등을 필수 교육 과목으로 구성해야 한다. 군사학의 경우, 기본적으로 전쟁술 체계, 즉 전술-작전술-군사전략-국가전략^{정책}의 상호 관계, 개념과 원칙 등을 배우고 익혀야 한다. 군사사학 수업 내용은 전쟁사와 사회사를 연계하여 구성해야 한다. 사회 구조와 환경은 전쟁 억제는 물론, 전쟁 발발과 전쟁 수행에 밀접한 영향을 미치기 때문이다. 전쟁 또는 전투 작전 사례

연구 및 수업은 기존 이론과 원칙과 교리를 검증하고 새로운 이론과 원칙과 교리를 계발하는 데 기초가 된다. 전투 작전 역사 수업은 다양한 상황을 조성해 주는 워게임 모델 연습과 연계하여 진행한다면 장교의 실전적 상황판단-결심-조치$^{명령\ 하달}$ 능력을 효과적으로 배양할 수 있다.

클라우제비츠는 전쟁 현상에 대해 해석학 및 변증법의 논리를 적용하여 인식론·방법론적으로 사유하는 과정과 그 산물을 증명해 보이는 방식으로 『전쟁론』을 저술했다. 이러한 클라우제비츠의 논리적 사유법은 장교로서 군사 임무를 성공적으로 완수하는 데 필수적 정신 역량으로서 오늘날 인공지능^{AI} 시대에는 배우고 익혀야 할 가치가 더욱 더 크다.

군사 분야의 가르침과 수업 역시 교육학적 사유에 기반을 두어야 한다.[28] 지식은 교육을 위한 필요 조건이지만 충분 조건은 아니다. 장교는 복잡하고 변화무쌍한 상황에서도 최적의 행동이 가능하도록 논리적으로 명철한 판단력으로 무장해야 한다. 그러므로 강의와 실습은 장교 개인이 자기의 인지 및 사고과정을 객관화하여 관찰하고 조절하는데 필요한 초인지^{metacognition} 능력을 계발하는 데 중점을 두어야 한다. 왜냐하면 장교는 마찰이 지배하는 전장에서 초인지력을 발휘하여 자기 결심과 조치의 성공 여부를 예견할 수 있어야 하기 때문이다. 장교는 자신의 이론적 지식, 개인 및 집단의 심리적 요소 등이 자신의 상황판단과 결심과정에 어떻게 작용하는지 객관화하여 의식하고 통제할 수 있어야 한다.

그러므로 학교 수업을 통해 자신의 '생각에 대한 생각', 즉 초인지적 자기성찰과 과학적 행동 양식을 습득하는 노력은 많은 지식을 얻는 것보다 중요하다. 전장 상황은 마찰과 우연이 지배하고 심리적·육체적 부담이 극한에 이르는 특징이 있다. 이러한 조건에서는 어떤 이론적 지식도 그것이 개인 이성의 방법론적 역량으로 체화되어 있지 않은 상태라면 쓸모가 없다.

전쟁 또는 전투 작전 상황을 분석하고 계획하고 실시하는 과정에서 해석학과 변증법이 적용된 과학적 접근방법론이 필요하다. 전쟁술의 영역에서 필요한 과학적 접근방법론에는 인문학적 사유가 포함되어야 한다. 군인의 인문학적 소양을 키우는 교육은 윤리·도덕적 가치관을 심어주고 사람과의 관계는 물론, AI 기술과의 관계에서 어떤 문제와 해답에 관해 공감하고 융합하는 안목을 제공한다.

장교의 개인 사고체계를 계발하기 위해서는 학교 수업과정에서 배운 지식을 스스로 선별하여 반추하고 복습하는 방식으로 자기 학습과 인격 형성에 정려할 수 있도록 최대한 여건을 보장해야 한다. 사관생도와 학생 장교들 사이의 열린 토론을 통해 비판적 자기 견해를 형성하고 논리적으로 피력하도록 장려해야 한다. 왜냐하면 자율학습과 토론은 장교의 판단력을 함양하는 데 필수 불가결한 교수방법이기 때문이다. 자율학습은 교관으로부터 배운 것을 개인 스스로 심화·보충하도록 만들어 주며, 토론은 어떤 문제를 다양한 시각에서 바라보고 자기 의견을 스스로 신뢰하도록 만들어 준다. 장교 개인의 견고한 인격과 적성 계발을 위해 다양한 실전적·실무적 사례 교육은 필수적이다. 왜냐하면 마찰과 우연이 지배하는 전장에서는 장교 개인의 인격과 적성이 상황판단과 결심수립 과정에 미치는 영향이 크기 때문이다.

군대의 정신 역량
_ 지휘관의 재능, 군대의 무덕 그리고 국민정신

> **명제 ❾**
>
> **주요 정신 능력은 군사지휘관의 재능, 군대의 무덕, 군대의 국민정신이다.**
>
> - Die moralische Hauptpotenzen sind die Talente des Feldherrn, kriegerische Tugend des Heeres, Volksgeist desselben.
> - The principal moral elements are the skill of the commander, the experience and courage of the troops, and their patriotic spirit.

클라우제비츠는『전쟁론』'제3편 전략 4장 주요 정신 능력'에서, 주요 정신 능력은 군사지휘관의 재능, 군대의 무덕, 군대의 국민정신으로 구성되며, 이 세 가지 능력이 조화롭게 발휘되어야 전승을 보장한다는 기본 논리를 토대로 군사 차원의 삼위일체론을 전개한다. 앞서 살펴본 바와 같이, 국가 차원에서 전쟁을 지배하는 삼위는 국민, 군사지도부와 군대, 정부^{정치지도부}이다.

첫째, 클라우제비츠는 군인의 이상형인 군사적 천재는 혜안과 용기 있는 결단력을 갖춰야 한다고 강조한다.

> "하나는 암흑 속에서 그를 진리로 이끄는 내면의 불빛 흔적에 비유되는 이성이요, 다른 하나는 이 희미한 불빛을 좇는 용기이다. 전자는 프랑스어의 회화적 표현에 의하면 혜안^{coup d'oeil}이며 후자는 결단력이다." (『전쟁론』 '제1편 전쟁의 본성 3장 군사적 천재')

역사적으로, 나폴레옹 보나파르트^{Napoleon Bonaparte}, 헬무트 폰 몰트케^{Helmut von Moltke}, 에리히 폰 만슈타인^{Erich von Mannstein} 등이 군사적 천재성을 보여준 인물들이다. 우리 역사 속에서는 이순신 장군의 비범한 혜안과 결단력이 국가의 위난을 극복한 위대한 리더십의 상징이다.

둘째, 군사적 무덕은 군인 개인적으로는 물론, 부대가 집단적으로 부단히 연마해야 하는 가치이다. 군사적 무덕으로 무장된 군대의 모습은 다음과 같이 진정한 군사 정신으로 충만해 있다.

> "가공할 파괴력을 지닌 포화 속에서도 평상의 질서를 유지하는 군, 상상 속의 공포로 동요하지 않고 심각한 위험에 직면해도 전력을 다하여 저항하는 군, 승리 후 자부심이나 패배 후 절망감 속에서도 변함없이 명령에 복종하고 지휘관들에 대한 존경과 신뢰를 잃지 않는 군, 궁핍과 굶주림 속에서 극기를 요구하는 훈련으로 육상선수처럼 단련된 근육을 보유한 군, 이러한 불굴의 노력들을 군기軍旗에 내리는 저주로 여기지 않고 승리를 위한 수단으로 여기는 군, 무기의 명예를 지키기 위한 단일한 관념으로 모든 의무와 덕을 상기하는 군, 이러한 군은 진정한 군사정신으로 충만해 있다."
> (『전쟁론』 '제3편 전략 5장 군의 무덕')

그러면 군사적 무덕은 어떻게 형성할 수 있는가? 최선책은 다양한 실전을 경험하고 일련의 성공적 결과들을 성취하는 과정을 통해 개별적 또는 집단적으로 무덕을 쌓고 성숙시키는 노력을 기울이는 것이다. 차선책은 실전에 가까운 교육훈련을 체계적으로 부단히 실시하여 무덕을 형성하는 것이다.

여기서 실전적 교육훈련이란, 실전에 가깝게 조성된 전술적·작전적·전략적 상황 조건에서 지휘관^{장교}이 개별적으로 또는 실병을 지휘하여 정신적·육체적 한계를 극복하고 건전한 판단과 결심과 명령 하달하는 요령을 터득하고 체화하는 과정을 말한다.

실전에서 전투 지휘 임무는 정신적·육체적으로 한계에 다다른 상황에서 수행해야 한다. 모든 지휘관은 차상급 지휘관의 유고 상황에서도 그를 대신하여 차상급 부대를 지휘할 수 있도록 필요한 역량을 갖춰야 한다. 제2차 세계대전 동안 기계화 보병부대 지휘관이 실제 전투를 지휘했던 평균 기간을 살펴보면, 대대장의 경우 30일, 중대장의 경우 2주, 소대장의 경우 7일에 불과했다.[29]

역사적으로, 고대 활발한 정복사업을 펼친 로마 군대, 제2차 세계대전의 불리한 전략적 환경 속에서 전투 작전을 모범적으로 수행한 독일 군대를 군사적 무덕을 갖춘 군사조직의 본보기로 예시할 수 있다. 오늘날에는 실전 경험이 풍부한 미국 군대를 항재전장恒在戰場 의식으로 충만하고 최강의 전투준비태세를 갖춘 군사조직으로 간주할 수 있다.

셋째, 군대에 내재한 국민정신은 군복을 입은 국민인 군인이 보유한 애국·애족의 정신을 뜻하며, 오늘날 군인의 국민정신은 국민 전체 여론과 동조하는 형태로 나타난다. 예컨대 러시아-우크라이나 전쟁, 하마스-이스라엘 전쟁에서 보듯이, 국민 여론과 국제사회 여론이 전쟁 억제, 전쟁 수행, 평화협상 등의 향배에 결정적 영향을 미치고 있다.

　클라우제비츠가 정의한 군사 차원의 삼위일체적 주요 정신 능력, 즉 군사지휘관의 재능, 군인과 군대의 무덕, 군인과 군대의 국민정신은 역동적으로 상호작용하며 전쟁 전체의 요소에 스며들어 군사력 운용의 유형과 강도를 좌우한다는 구조적 원리를 되새기고자 한다.

제4부
전략가의 사유법
_ 전쟁 이론을 실전적으로 적용하라

전쟁 이론의 역할과 한계
_ 전쟁 이론은 전쟁터까지 동반하지 않는다

> **명제 ⑩**
>
> 전쟁의 절대적 양상을 상위에 놓고 하나의 보편적 기준으로 활용하는 것은 전쟁 이론의 의무이다
>
> - Es ist ihre Pflicht, die absolute Gestalt des Krieges obenan zu stellen und sie als einen allgemeinen Richtpunkt zu brauchen.
> - It has the duty to give priority to the absolute form of war and to make that form a general point of reference.

클라우제비츠는 『전쟁론』 '제8편 전쟁 계획 2장 절대적 전쟁과 현실적 전쟁'에서, 절대적 전쟁과 현실적 전쟁을 비교 설명하고 현실적 전쟁을 파악하는 이론적 준거의 틀로서 절대적 전쟁의 양상을 활용하고 있다.

『전쟁론』은 당시 지성인들에겐 보편적 사고법이었던 변증법적 논리에 따라 절대적 전쟁, 즉 이상적 전쟁의 구조와 본질을 형상화하고, 이를 토대로 다양한 형태의 현실적 전쟁의 구조와 본질을 연역적으로 논술한 책이다.

이 과정에서, 클라우제비츠는 순수 논리적으로 형상화한 절대적 전쟁과 여러 제한 또는 마찰 요인에 영향을 받는 현실적 전쟁을 명료하게 구별한다. 절대적 전쟁은 우리와 적의 경쟁적 상호작용으로 인해 극단으로 치닫는 무제한적 전쟁의 양상을 철학적·변증법적으로 묘사한 것이다. 모든 것이 완전히 달라지는 현실적 전쟁에서는 현실적 제한과 인간 생활의 개연성(확률)이 극단적인 것과 절대적인 것을 대신한다. 이러한 맥락에서 클라우제비츠는 현실적 전쟁의 양상을 결정짓는 가장 중요한 요소는 정치적 목적이라고 규정한다.

클라우제비츠는 "정치는 전쟁을 지도하고, 전쟁의 결과로 나타나는 정치적 상황은 다시금 정치의 계산적 사고를 거쳐 전쟁에 영향을 미친다"면서, 정치 우위의 원리와 정치에 의해 지배되는 현실을 일관성 있게 증명하고 있다. 그는 정치의 역할을 대법원의 최고 재판권에 비유하면서, 전쟁의 범위와 규모는 정치의 역할에 따라 확대되거나 축소될 수 있다고 부연한다.

클라우제비츠는 이러한 정치적 목적의 중요성과 그 목적을 이루기 위해 동원하는 국력의 정도에 따라, 현실적으로 섬멸전쟁에서 단순한 무장관측 활동에 이르기까지 온갖 유형의 전쟁이 존재할 수 있다면서, 적의 완전한 타도를 지향하는 전쟁은 절대적 양상에 가깝고 제한적 목표를 추구하는 전쟁은 그 강도에 따라 차이는 있지만 절대적 양상과는 거리가 있다고 설명한다.

바실 헨리 리델 하트^{Basil Henry Liddell Hart}는 클라우제비츠가 절대적 전쟁의 사도인것 처럼 주장한 바 있다. 이는 『전쟁론』 전체의 주요 맥락과 논리를 정확히 파악하지 못한 결과이다. 클라우제비츠는 오히려 절대적 양상에 가까운 섬멸전쟁을 일반적 유형의 전쟁으로 간주하지 않고, 평화 회복을 궁극적 목적으로 하는 전쟁 수행을 강조한다. 그리고 전쟁은 정치적 목적을 달성하기 위한 폭력적 수단으로서 정치적 목적을 얼마나 크게 설정하는냐에 따라 전쟁의 치열도는 달라진다고 부연한다.

명제 ⓫

전쟁 이론은 항상 그의 길을 밝혀주고 발걸음을 가볍게 해주며 판단력을 길러주고 함정에 빠지지 않도록 보호해 줄 것이다. 전쟁 이론은 미래 전쟁 지도자의 정신을 길러주거나 스스로 자기 학습을 할 수 있도록 안내하지만, 전쟁터까지 그를 동반하지 않는다.

- Die Theorie hellt ihm überall den Weg auf, erleuchtert seine Schritte, erzieht sein Urteil und bewahrt ihn vor Abwegen. Sie soll den Geist des künftigen Führers im Kriege erziehen oder vielmehr ihn bei seiner Selbsterziehung leiten, nicht aber ihn auf das Schlachtfeld begleiten.

- The theory will light his way, ease his progress, train his judgement, and help him avoid pitfalls. It is meant to educate the mind of future commander, or, more accurately, to guide him in his self-education, not to accompany him to battlefield.

클라우제비츠는 『전쟁론』 '제2편 전쟁 이론'에서, 국민 전쟁 시대에 걸맞은 새로운 전쟁 이론의 필요성을 역설하면서, 나폴레옹 전쟁 이전의 전쟁 이론이 안고 있던 본질적 모순들을 파헤친다.

클라우제비츠는 기존 전쟁 이론이 전쟁의 원칙과 구조를 다룰 때 정신적 요소는 도외시하고 물질적 요소에 초점을 맞췄으며, 전쟁 수행보다는 전쟁 준비에 비중을 둔 고찰에 집착하면서 산술적 계산이 가능하고 명백해 보이는 결론을 도출하는 데에만 안주했다고 비판한다.

클라우제비츠는 전쟁 이론이 전쟁에 정통하려는 사람들에게 올바른 안내자 역할을 하려면, 전쟁의 구성 요소들을 연구하고 일견 뒤섞인 것처럼 보이는 수단들의 특성을 파악하고 각각의 수단이 가져올 확률적 결과를 제시해야 하며, 그 수단들이 수렴되는 목적의 본질은 물론 다른 수단과의 상관관계까지 명백하게 규정해야 한다고 역설한다. 이 과정에서 전쟁의 부분 요소들에 집착하지 말고 전쟁 영역 전체를 조명할 수 있도록 비판적 고찰로 일관해야 한다고 부연한다. 여기서 비판적 고찰이란, 의혹이 내포된 사실을 역사적으로 규명하고 원인에서 결과를 추론하며 칭찬과 질책을 포함하여 사실적으로 조사하고 논리적으로 평가하는 것을 의미한다.

클라우제비츠는 전쟁 이론의 구성 요건을 제시함과 동시에 이론의 역할과 한계를 규정하는 가운데, 전쟁사 연구-전쟁이론 및 교리-전쟁술은 선순환적으로 발전하는 관계를 형성해야 한다고 강조한다.

클라우제비츠는 베를린 전쟁학교에서 학교장 샤른호르스트로부터 전쟁사가 전쟁 이론의 기초가 되어야 한다는 가르침을 받는다. 그는 이미 21세부터 역사 속의 교훈적 사실과 사건을 토대로 전쟁 연구에 필요한 이론적·과학적 체계를 세우는 노력을 기울이기 시작하여 30세에는 성숙한 경지에 도달한다.

클라우제비츠는 역사적 사례가 전쟁 이론에 의존적이기보다, 전쟁 이론이 역사적 사례에 더 의존적이라는 인식의 관점에서 과거의 역사적 사실관계와 상황을 복원하고 이를 배경으로 전쟁 이론의 명제들을 정립하여 그 실용성을 증명하는 연구에 집중한다. 예컨대 그는 나폴레옹의 러시아 전역에 관한 연구를 통해 공세 전략보다 수세 전략이 효과적일 수 있음을 발표한다. 당시 러시아가 광활한 영토를 이용한 일련의 지연작전을 성공적으로 전개하여 마침내 나폴레옹의 침공을 패퇴시킬 수 있었던 역사적 사실을 밝힌 것이다.

클라우제비츠는 연구자는 지성과 감성의 조화로운 눈으로 전쟁 및 전투 작전 사례를 비판적으로 고찰해야 하며, 이미 정립된 전쟁 이론의 명제를 현실 상황에 적용하는 과정에서 지속해서 최신화해야 한다고 역설한다. 이어서 그는 전쟁 이론의 완성은 불가능하며, 모든 이론과 명제는 연구자의 불완전한 관념이 낳은 결과물이라고 부연한다.

우리는 역사 연구의 과정에서 사실관계와 상황을 복원하고 전승에 기여했던 요소들을 도출하여 전쟁 이론의 명제들을 세울 수 있다. 그러나 단순히 군사행동의 목표, 경과, 결과 등의 개괄적 나열만으로는 그 본질을 파악하여 진정한 교훈을 얻기 어렵다. 따라서 우리는 연구 대상은 물론, 그와 유관한 요소들까지 최대한 객관적으로 조명하고 세부적으로 분석해야 한다. 우리가 연구해야 할 전쟁과 전투 작전을 실제 수행했던 지휘관과 참모의 활동에 연구자 개인의 감정과 정신을 불어넣을 수 있다면 한층 더 나은 교훈에 도달할 수 있을 것이다.

클라우제비츠는 전쟁 역사 연구의 방법론과 그 연구를 통해 정립된 전쟁 이론의 실용적 역할과 가치에 관해 다음과 같이 설명하고 있다.

첫째, 전쟁 이론은 지휘관과 참모들이 복잡하게 얽힌 전쟁의 구성 요소들을 구별하고, 현재 운용하고 있거나 미래 운용해야 할 수단들의 특성을 파악하도록 도움을 줄 수 있어야 한다. 둘째, 전쟁 이론은 지휘관과 참모들이 전쟁 또는 전투 작전의 본질적 목적을 규정하고, 각종 수단 운용의 확률적 결과를 예상하도록 근거를 제시할 수 있어야 한다. 셋째, 전쟁 이론은 지휘관과 참모들이 비판적 관찰을 통해 전쟁의 다양한 영역별 상황 전체를 파악하도록 안목을 제공할 수 있어야 한다.

전쟁술이란 무엇인가
_ 군사전략과 외교전략은 2인용 자전거

명제 ⑫

전쟁술은 그 본래의 의미에서 주어진 수단을 싸움에서 운용하는 술(術)이며, 따라서 전쟁술을 전쟁지도라고 표현하는 것이 가장 적합할 것이다. 그런데 전쟁을 위해 존재하는 모든 활동들, 즉 징집 및 모집, 무장, 장비, 훈련 등 군사력의 모든 창조 활동이 넓은 의미의 전쟁술에 속함은 물론이다.

- Die Kriegskunst im eigentlichen Sinn wird also die Kunst sein, sich der gegebenen Mittel im Kampf zu bedienen, und wir können sie nicht besser als mit dem Namen Kriegsführung bezeichnen.

> Dagegen werden allerdings zur Kriegskunst im weiteren Sinne auch alle Tätigkeiten gehören, die um seinetwillen da sind, also die ganze Schöpfung, d.i. Aushebung, Bewaffnung, Ausrüstung and Übung der Streitkräfte.
>
> - Essentially, then, the art of war is the art of using the given means in combat; there is no better term for it than the conduct of war. To be sure in its wider sense the art of war includes all activities that exist for the sake of war, such as the creation of the fighting forces, their raising, armament, equipment, and training.

 클라우제비츠는 '제2편 전쟁 이론 1장 전쟁술의 분류'에서, 전쟁술의 의미와, 전쟁의 목적을 달성하기 위해 국가의 역량을 조직하고 이끈다는 전쟁지도戰爭指導의 의미를 동일시하고 있다. 그리고 전쟁학과 전쟁술의 차이에 대해 "아는 것지식과 할 수 있는 것능력은 다르다. 모든 사고는 술術이다. 인식의 결과로서 논리적 전제가 주어지고 판단이 시작되는 지점에서 술術이 시작된다"라고 주장한다.

 클라우제비츠는 전쟁 수행은 물론 전쟁 이전의 준비 활동까지를 전쟁술의 적용 대상으로 규정한다. 오늘날 전쟁술은 국가의 안전을 보장하기 위한 군사력 건설과 군사력 운용에 관한 책략으로 재정의할 수 있을 것이다.

클라우제비츠는 전쟁술을 전술과 전략으로 구획하면서 다음과 같이 정의한다.

"하나의 싸움은 크고 작은 수많은 단일 행동들, 즉 전투라고 불리는 자체 내의 집약된 행동들로 구성되는데, 전투에서 전투력들의 운용에 관한 지도^{가르침}가 전술이며, 전쟁 목적을 위한 전투들의 운용에 관한 지도^{가르침}는 전략이다. 그리고 전투력의 건설과 교육 훈련은 싸움을 위한 준비로서 전투력 운용의 필수 조건이다."

클라우제비츠는 『전쟁론』에서 전략을 오늘날의 군사전략과 동격의 개념으로 설정하여 이에 관한 논술 전반에 걸쳐 일관성을 유지한다. 현재 우리는 전략이란 용어를 군대 내에서 전쟁과 군사를 다룰 때는 물론, 정부 내에서 정책을 논의할 때도 광범위하게 사용하고 있다. 이러한 맥락에서, 전쟁술은 국가 전략, 군사전략, 작전술, 전술로 구획하는 것이 타당하다. 이 전쟁술 체계 속에서 각각의 술은 시간적·공간적으로 서로 삼투하며 유기적으로 작용한다. 상위의 전쟁술은 하위의 전쟁술이 구현해야 할 목적이며, 하위의 전쟁술은 상위의 전쟁술이 설정한 목적을 구현하는 수단의 성격을 띤다.

클라우제비츠는 군사전략이 전쟁 목적을 구현하기 위한 전투들의 운용이라고 정의한다. 따라서 군사전략은 전쟁 목적에 부합된 목표를 전체 군사행동에 부여해야 한다. 다시 말하면 군사전략은 전쟁 계획과 개별 전역 계획을 수립하는 과정에서 군사적 목표를 설정하여 전체 군사행동을 기획하고 전역 내 개별 전투들을 배비한다.

　국가 전략은 정치전략, 외교전략, 정보전략, 군사전략으로 구성된다. 다른 부문의 전략과 마찬가지로 군사적 영역의 전쟁술은 정치적 고려와 관점에 종속적이다. 이러한 의미에서 군사적 이익이 정치적 이익과 모순을 이루지 않도록 전쟁과 작전을 계획하고 수행해야 함은 물론이다.

　전쟁 억제는 군사전략과 외교전략의 중심 개념 central concept 이요 주춧돌 cornerstone 이요 정점 apex 이다. 전쟁 억제는 국가 전략적 의제이며, 외교전략과 군사전략은 국가 전략의 틀 속에서 상황의 특성과 변화에 맞춰 역할 비중을 달리하며 상호보완적으로 작용한다.

　전쟁 억제는 군사력을 실전에 사용하지 않은 채 그 사용을 위협하는 것이다. 오늘날 군사전략의 방점은 전쟁 수행보다 전쟁 억제에 있다. 그동안 군사전략은 전쟁의 술에서 비非전쟁의 술, 전쟁 예방의 술로 진화되었다. 군사전략적 사고의 초점이 '군사력의 능숙한 사용'에서 '군사력의 능숙한 비非사용'으로 전이된 것이다. 군사력의 현존presence 전략, 즉 무기를 사용하지 않으면서 무기의 현존을 이용하여 확전 우세를 유지하며 확전을 억제하는 전략의 중요성이 커지는 추세이다. 이러한 맥락에서 군사전략은 힘의 실제 사용 또는 힘의 적용을 위협하여 국가 정책의 목표를 획득하기 위해 국가의 무력을 사용하는 술과 학으로 정의할 수 있다.[30]

전쟁의 예방, 즉 평화의 상태는 군사력에 의한 억제적 위협deterrent-threat으로 성취한다. 군사력 사용의 위협은 적의 무력 도발 행동에 대한 보복 위협이다. 특히 핵시대의 군사전략은 군사력 사용의 술에서 군사력 사용을 위협하는 억제의 술로 변화되었다. 핵보유국들은 핵전쟁의 문턱을 넘지 않도록 클라우제비츠가 제시한 절대적 전쟁의 양상에 가장 가까운 상호 공멸 위험, 즉 '확증파괴'의 위험에 대해 정치·외교 무대에서 서로 경고하며 유의하고 있다. 이러한 국제적 인식의 공감대 덕분에 인도와 파키스탄과 같은 핵보유국들은 핵그림자 속에서 발발한 전쟁에서 재래식 수단에 의해 치열한 공방을 벌이면서도 서로 확전을 자제함으로써 결과적으로 핵 문턱nuclear threshold을 넘지 않을 뿐만 아니라 재래식 전쟁의 범위와 피해도 제한하는 경향을 여러 차례 보여왔다.

　전쟁을 예방하고 억제하려면 우리는 적에게 충분히 위협적이어야 한다. 본래 억제는 우리가 보복retaliation이나 응징punishment할 것이라고 위협하여 적이 어떤 무력 행동도 자제토록 유도inducement하는 것이다. 모든 억제 노력은 적이 우리의 위협을 무시하고 자신의 계획을 실행에 옮길 경우에 우리가 적에게 대가를 지불할 수 있는 실효적 능력과 태세를 갖춰야만 효과가 있다.

　이러한 우리의 설득 효과는 냉정한 이해득실 계산의 산물이다. 만일 적의 어떤 행동이 얻을 수 있는 이익에 대한 셈법에 의한 것이 아니라 심리적 충동에 의한 것이라면 우리의 위협 강도는 적의 그 심리적 충동까지 상쇄할 수 있어야 한다. 우리가 가하는 억제적 보복위협 역시 적의 역보복을 불러와 우리가 피해를 입을 가능성에 대비해야 한다.

　군사전략은 적 위협에 대한 판단을 기초로 수립해야 한다. 새뮤엘 헌팅턴은 『군인과 국가』에서 적 위협을 평가할 때 "군인은 적의 의도보다 능력에 주목해야 한다. 왜냐하면 의도는 본질상 정치적이고 변하기 쉬워 올바로 평가하기가 불가능하기 때문이다"라는 원칙을 제시한 바 있다. 우리가 북한 위협을 평가할 때 북한의 의도를 지나치게 주관적으로 해석하는 위험을 피하고 북한의 능력을 있는 그대로 객관적으로 평가할 수 있어야 한다. 군사지도부는 적 위협을 판단한 결과와 그 위협의 우선순위에 따라 국가 방위에 충분한 군사력을 건설하고 운용해야 할 책임이 있다.[31]

이를 위해 '위협과 능력에 기초한 접근' 방법으로 군사력 건설 방향과 중점을 설정하고 중·장기적으로 구체 사업 과제를 계획해야 한다. 우리의 실존을 위협하고 있는 북한 정권과 북한군의 의도와 능력에 대한 평가를 최신화하고 북한의 핵능력 고도화 추세를 감안하여 남북한 재래식 군사력을 정량적·정성적으로 비교 분석해야 한다. 그리고 우리의 군사전략개념인 평시 '적극적 억제전략'과 전시 '공세적 방위전략'을 최적화하는 기획 노력을 기울여야 한다.

이러한 군사전략이 실효적 억제력을 발휘하려면, 전쟁 또는 전투 작전의 목표에 맞게 육·해·공·사이버·우주 등 5차원 전장에서 통합적·동시적·병렬적으로 운용할 수 있는 유능한 군사적 체계와 능력과 수단들을 확보해야 한다. 기본적으로 군사력 건설의 적정성과 국방예산의 가용성 설계, 인공 지능AI 기술의 전방위적 응용, 드론과 로봇을 비롯한 무인 체계와 유인 체계의 복합적 운용 등의 기본 요구를 반영하여 우리 군 전력구조, 지휘구조, 부대구조, 병력구조

등의 변혁이 필요하다.

일반적으로 국가들 사이 또는 정치 집단들 사이에 자기 이익을 보호하고 확장하거나 상충하는 이익과 조건을 조율하기 위한 외교력 또는 교섭력이 한계에 다다를 때 전쟁이 일어난다. 오늘날 군사력은 그 사용 의지와 위용으로 강압외교Coercive Diplomacy의 차원에서 국가의 외교력을 뒷받침하여 의도하는 효과를 얻을 목적으로 운용된다. 강압 외교의 목표는 전쟁을 피하거나 끝내는 데 있다. 적대적 상대와 맞서는 과정에서 외교를 버리게 되면, 전쟁이 일어날 가능성이 커지고 일단 전쟁이 시작되면 끝내기가 더 어려워진다. 이러한 국가 외교력과 군사력의 조화로운 운용에 관한 원리는 2인용 자전거에 비유할 수 있다.[32] 국가전략에서 적을 향한 대화와 설득의 주축은 외교전략이고 압박과 강요의 주축은 군사전략이다.

군사전략과 외교전략이 지금의 핵무기 시대보다 더 밀접하고 의존적이었던 시대는 없었다. 존 F. 케네디John F. Kennedy 대통령은 "외교와 국방은 더 이상 하나가 실패하면 다른 하나를 사용해야 하는 서로 다른 대안이 아니다. 외교와 국방은 상호보완적이어야 한다"라고 강조했다.

독일 통일을 이끈 오토 폰 비스마르크Otto von Bismarck와 헬무트 콜$^{Helmut Kohl}$이 전개한 성공적 외교전략 뒤에는 상대보다 우위의 군사전략이 있었다. 이 역사적 사례는 평화의 외침과 유화적 접근만으로 평화를 보장할 수 없다는 역사적 교훈을 준다. 이러한 의미에서 전쟁을 하지 않으려면 전쟁을 할 수 있어야 한다는 역설은 진리이다.

과거로 회귀할수록 군사전략은 외교적 노력이 실패한 다음의 역할에 치우쳐 있었지만 오늘날의 군사전략은 외교의 배후에서 외교적 노력을 조력하고 지원하는 역할에 방점을 두고 있다. 따라서 군사전략은 전시 전쟁전략의 도구로 활용할 수 있는 준비태세를 유지하는 가운데, 평시 외교전략의 도구로서 적극적으로 고려하고 활용해야 할 것이다.

평화를 위한 배합의 지혜
_ 승리는 수단이며 목적은 평화다

명제 ⓭

전략에서 승리, 즉 전술적 성공은 수단에 불과하며, 전략의 목적은 궁극적으로 평화를 이룩하는 것이다. 전쟁 이론은 이러한 모든 목적과 수단의 효과와 상호 관계의 본성에 관해 연구한다. 따라서 전쟁 이론은 경험을 분석하며 전쟁사가 이미 제시해주고 있는 배합에 관해 고찰한다.

- Die Strategie hat ursprünglich nur den Sieg, d.h. den taktischen Erfolg, als Mittel und, in letzter Instanz, die Gegenstände, welche unmittelbar zum Frieden führen sollen, als Zweck, Alle diese

> Zwecke und Mittel untersucht die Theorie nach der Natur ihrer Wirkungen und ihrer gegenseitigen Beziehungen. Sie wendet sich also an die Erfahrung und richtet ihre Betrachtung auf diejenigen Kombinationen, welche die Kriegsgeschichte schon aufzuweisen hat.
>
> - The original means of strategy is victory – that is, tactical success; its ends, in the final analysis, are those objects which will lead directly to peace. All these ends and means must be examined by the theorist in accordance with their effects and their relationships to one another. We therefore turn to experience and study those sequences of events related in military history.

클라우제비츠는 『전쟁론』 '제2편 전쟁 이론 2장 전쟁 이론'에서, 전략에서의 목적과 수단에 관해 정의하면서 배합의 술을 논의한다.

클라우제비츠는 전략의 목적이 궁극적으로 전쟁에서 승리하여 평화를 이룩하는 데 있다면서, 일련의 전술적 성공들은 전략의 목적을 이루기 위한 수단에 불과하다고 규정한다. 이어서 그는 전쟁 이론 또는 전투 작전 이론은 이러한 모든 목적과 수단의 효과와 상호 관계의 본성에 관해 연구해야 하는 과제를 안고 있으며, 이를 위해 전쟁사가 이미 제시해 주고 있는 배합에 관한 경험과 교훈을 고찰해야 한다고 강조한다.

언어적으로 배합은 이것저것을 적정 비율로 한데 섞어 합친다는 의미를 지닌다. 클라우제비츠는 『전쟁론』 여러 장·절에서 이 배합의 개념을 전쟁술적 원리를 세우고 응용하기 위한 논리적 사유의 도구로 폭넓게 활용하고 있다. 그는 배합의 기초뿐만 아니라 배합의 수, 배합의 지혜, 배합의 효과 등의 관점에서 배합의 필요성과 방법론을 제시하고 있다.

전쟁을 기획-준비-수행하는 것은 적정 군사력을 준비하고 운용하기 위해 국가전략적·군사전략적·작전적·전술적 수준의 고려와 요소들을 배합하는 과정이어야 한다. 예컨대 계획과 실시의 배합, 공격과 방어의 배합, 기동과 화력의 배합, 전략·작전술·전술의 배합, 전투력·시간·공간의 배합 등의 씨실과 날실로 전쟁과 전투 작전의 시작과 끝의 순환과정을 무궁무진하게 짜낼 수 있다.

클라우제비츠는 전체 전구戰區에서는 어떤 국가, 국민, 국토가 상대 국가, 국민, 국토와 맞서고 어떤 국가의 군사력과 상대 국가의 군사력이 맞서는 상황이라면서, 전구급 작전에서는 개별 전투에서와 달리 가능성 있는 배합의 수가 증가하고 전투력 배비의 다양성이 확대되는 것은 당연하다고 논술한다.

클라우제비츠는 전쟁, 특히 전투에서 상대적인 수적 우위는 승리의 결과에 영향을 주는 중요한 물질적 요인으로서, 이 수적 우위의 전투력을 시간 및 공간 요인과 적절히 배합해야만 승리의 공식을 만들 수 있다고 강조한다.

클라우제비츠는 전략적 또는 전술적 배합을 효과적으로 진행하려면 기하학적 상상력과 숙고가 중요하다고 역설한다. 전략의 영역에서는 일련의 전투를 단순히 연결하는 형태의 선형線型 배비에 비해 승리를 쟁취한 전투의 수와 규모가 더 중요하다. 전술의 영역에서는 적의 포위를 목표로 배합술을 발휘하는 것이 효과적이며, 이를 위해 전투력을 기하학적으로 유리하게 배치하여 운용하는 노력은 필수적이다.

북한은 러시아의 지도와 지원을 받아 조선인민군을 창설하여 6.25전쟁을 준비하던 단계에서 배합의 개념을 포함한 클라우제비츠의 가르침을 직·간접 경로로 수용했던 것으로 보인다. 이후 북한군은 배합의 원리를 일관되게 활용하여 다양한 유형과 수준의 배합술을 발전시켜 왔다. 예컨대 북한은 지금도 현대전과 혁명전의 배합, 대부대 작전과 소부대 작전의 배합, 적극적 방어와 배후교란의 배합, 정규전과 유격전의 배합 등의 원칙을 활발하게 교시하고 있다.

14장

창의적 기획
_ 작전계획의 기계적인 생산을 거부하라

> **명제 ⑭**
>
> 마치 기계적인 생산처럼 전쟁 계획 또는 전역 계획을 일정하게 수립하는 방법들은 전적으로 거부되어야 한다.
>
> - Jede Methode würde, wodurch Kriegs- and Feldzugs-pläne bestimmt und wie von einer Maschiene fertig geliefert würden, unbedingt verwerflich sein.
>
> - Any method by which strategic plans are turned out ready-made, as if from some machine, must be totally rejected.

클라우제비츠는 『전쟁론』 '제2편 전쟁 이론 4장 방법과 관례'에서, 전쟁 계획 또는 전역 계획을 창의적으로 수립해야 한다고 강조한다.

전쟁 또는 전역 계획이 기계적으로 수립된다면 우리의 의도는 물론, 전쟁술까지 적에게 쉽게 간파되어 적의 위협을 효과적으로 억제하기 어렵고 유리한 조건을 조성하여 전쟁을 승리로 이끌기 어렵다. 만일 창의성이 결여된 전쟁 또는 작전 계획으로 전쟁 또는 작전을 수행한다면, 우리는 전쟁 시작부터 적에게 주도권을 빼앗겨 고전하게 된다는 사실에 유의해야 한다. 더욱이 창의적으로 수립된 전쟁 또는 전역 계획은 그 계획의 명칭, 작성 또는 개정의 기본 목적 등 어떤 요소도 노출되지 않도록 철저히 보안을 유지해야 한다. 그래야만 이겨 놓고 싸운다는 우리의 의지와 태세가 헛되지 않고 국가 위난 상황에서 전승을 보장하게 될 것이다.

헨리 키신저Henry Kissinger는 "지난 시대 전략가의 주요 문제는 우세한 군사력을 모으는 것이었지만, 현재는 국가가 설정한 목표와의 관계에서 어떻게 가용한 군사력을 조절하느냐를 논의하는 것이 주요 문제이다"라고 설파한 바 있다.[33] 전쟁을 기획-준비-실시하는 것은 최적의 군사력을 준비하고 운용하기 위해 국가 전략정책적, 군사전략적, 작전적, 전술적 수준의 고려들과 요소들을 배합하는 과정이라고 해도 과언이 아니다.

전쟁 계획은 전쟁의 전체 행동을 포괄하며, 전체 행동은 전쟁 계획을 수립하는 과정에서 일련의 개별적 전투 작전행동으로 짜여진다. 이 개별적 전투 작전행동은 하나의 궁극적인 전쟁의 목적을 실현하는 데 기여해야 한다. 클라우제비츠에 따르면, 우리는 전쟁을 통해 무엇을 성취하고 어떻게 전쟁을 수행할 것인가를 명확히 고려하지 않은 채 전쟁을 시작하지 말아야 한다. 여기서 전자는 정치적 목적에 해당하며 후자는 작전적 목표 설정에 관한 문제이다. 이러한 기본 구상에 의해 모든 방향이 설정되고 투입해야 할 국가 및 군사 역량의 규모, 수단, 척도가 결정된다. 이 기본 구상은 대규모 작전행동에서 소규모 작전행동에 이르는 세세한 부분까지 깊숙이 영향을 미친다.

전쟁 또는 전투 작전 목표의 크기에 따라 수단의 크기, 우리가 기울여야 할 노력의 크기가 달라짐은 자명한 이치이다. 정치지도부는 전쟁의 목표를 설정하고 그 목표를 구현하는 데 필요한 외교·정보·경제·군사 분야의 수단, 시간, 지역 등의 가용 범위에 관한 명확한 지침을 군사지도부에 제공해야 한다.

클라우제비츠는 전쟁 계획 또는 전투 작전 계획을 수립하고 준비하는 단계에서 적용해야 할 두 가지 원칙을 강조한다. 하나는 최대한 집중하여 행동하는 원칙이고, 다른 하나는 최대한 신속하게 행동하는 원칙이다. 이 원칙에 따라 우리는 식별된 적의 전략적·작전적·전술적 중심들을 무력화할 수 있도록 군사력을 포함해 가용한 국력을 최대한 집중적으로 운용할 수 있어야 한다. 군사력의 신속한 집중은 곧 적의 중심에 대한 우리 중심의 신속한 타격이며, 이는 주력 결전의 필요조건이다. 이를 위해 국가안보회의부터 지상·해상·공중·우주·사이버 등 5차원 영역에서 활동하는 전투 작전부대들의 지휘부에 이르는 수직적 의사결정체계, 그리고 주도하는 작전부대와 지원하는 작전부대들 사이의 수평적 소통과 협동 체계를 효과적으로 보장하고 운영할 수 있어야 한다.

이러한 통합된 유능한 체계를 기반으로 우리는 비로소 적보다 우위에서 선견先見-선결先決-선타先打를 선순환적으로 실행할 수 있다.

2025년 5월 발발한 인도-파키스탄 사이의 제한 전쟁이 낳은 결과로서 파키스탄에 비해 인도 측의 피해가 상대적으로 컸다. 그 원인은 인도에 비해 파키스탄의 합동지휘통제체계가 더 효율적으로 작동했고 공중무기체계의 일부 능력이 우월했다는 사실에서 찾을 수 있다. 만약 이 무력 분쟁이 확전되어 양측이 작전 요소를 대규모로 투입하여 운용하는 국면으로 발전했더라면, 전쟁의 결과는 비교 불가능할 정도로 심대한 차이를 나타냈을 것이다

제5부
전략과 전술의 응용
_ 중심, 배합, 그리고 무력 결전의 추구

수세와 공세의 변증법
_ 방어로 시작한 전쟁을 공격으로 종결한다

명제 ⑮

방어는 공격에 비해 강력한 형태이지만 소극적 목적을 갖고 있어 적보다 약하기 때문에 필요할 때까지 방어를 실시해야 한다는 것은 자명한 이치이다. 적극적 목적을 세울 만큼 충분히 강력한 전투력을 보유한다면 방어를 중지해야 한다. 전쟁을 방어로 시작하여 공격으로 종료하는 것은 자연스러운 진행이다.

- Ist die Verteidigung eine stärkere Form des Kriegführens, die aber einen negativen Zweck hat, so folgt von selbst, daß man sich ihrer

> nur solange bedienen muß, als man sie der Schwäche wegen bedarf, und sie verlassen muß, sobald man stark genug ist, sich den positiven Zweck hervorsetzen. So ist auch der natürliche Gang im Kriege, mit der Verteidigung anzufangen und mit der Offensive zu enden.
>
> - If defense is the stronger form of war, yet has a negative object, it follows that it should be used only so long as weakness compels, and be abandoned as soon as we are strong enough to pursue a positive object. Thus the natural course in war is to begin defensively and end by attacking.

클라우제비츠는 『전쟁론』 '제6편 방어'와 '제7편 공격'에서, 공격의 본질과 양상에 비춰 방어의 본질과 양상을 고찰하고, 그 반대로 방어와 공격의 상관관계를 비교 논의하는 방식으로 공격의 본질과 양상을 조명한다.

방어는 공격보다 강력한 형태라는 명제는 싸우는 양측이 서로 동량, 동질의 군사력 또는 전투력으로 맞서는 조건에서 방어의 이점을 최대한 활용할 수 있어야 성립될 수 있다. 우리가 전략적 수준에서 방어에 성공한다면, 한계 정점에 이어 공세 종말점에 도달한 공자攻者에 비해 상대적으로 우월한 군사력을 보유한 상태가 되기 때문에, 공세 이전移轉 또는 반격을 통한 공세 태세로 전환하여 작전적 또는 전술적 수준에서 일련의 공격 전투 작전을 전개함으로써 전쟁을 종료하는 단계에 들어설 수 있다.

방어는 공격을 기다리고 막는다는 특징이 있다. 방어가 지킨다는 소극적 목적을 갖는다면, 공격은 정복한다는 적극적 목적을 갖는다. 방어는 지형이 주는 이점을 보유하며 공격은 기습의 이점을 보유한다. 방어는 감제고지, 하천선 등 중요한 자연지형지물을 이용하거나 요새를 축성하여 전투력의 승수효과를 얻을 수 있으며, 공격은 유리한 시간·공간·수단을 주도적으로 선택하고 배합하는 방식으로 싸움을 벌일 수 있다.

방어는 원심성을 띠고 공격은 구심성을 띤다. 방어는 내선작전에 유리하며 그 이점은 작전하는 공간 또는 거리에 비례하여 증가한다. 공격은 외선작전에 유리하며 그 이점은 기습 효과에 비례하여 증가한다.

모든 공격은 방어의 필요조건이지만 모든 방어가 공격의 필요조건은 아니다. 어떤 공격이든 시간적·공간적으로 방어가 맞서는 상태가 되어야 비로소 전쟁과 전투의 상대적 원리가 작동하기 시작한다. 따라서 결정적 전투의 시간과 장소는 공격 전투력이 집중하고 이에 대해 방어 전투력이 집중하는 과정에서 또는 그 결과로서 결정될 확률이 높다.

전략적 공세 상황에서 다수 전투력은 공격작전을 수행하고 소수 전투력은 방어작전을 수행하는 양상이 전개될 것이다. 전투력의 공세적 운용이 한계 정점을 지나 공세 종말점에 도달하는 국면에서 전략적 공세는 전략적 수세로 전환되기 마련이다. 따라서 전쟁지도부는 이 한계 정점과 공세 종말점을 예측하고 판단하여 이에 미리 대비할 수 있도록 지휘 노력을 집중해야 승리를 거둘 수 있다.

전략적 수세 상황에서는 다수 전투력이 방어작전을 수행하고 소수 전투력은 공격작전을 수행하는 양상이 전개될 것이다. 방어작전에서 역습 또는 반격은 공격작전의 형태와 방법으로 공격에 적용되는 원칙과 준칙에 따라 실시한다. 이러한 맥락에서 전쟁 또는 전투의 규모가 커질수록 방어 전장과 공격 전장을 동시 병행적으로 운영해야 하는 요구도 커질 수밖에 없다.

원칙적으로 방어의 유형은 지역 방어와 기동 방어로 분류할 수 있다. 지역 방어는 주로 지역을 확보할 목적으로 실시하며 기동 방어는 주로 적을 격멸 또는 지연할 목적으로 실시한다. 적의 의도, 지형의 조건, 전투력의 규모 등을 기준으로 지역 방어 또는 기동 방어를 선택할 수 있고, 지역 방어와 기동 방어를 적절히 배합한 형태로 방어작전을 실시할 수 있다.

방어작전의 성공은 방어를 위해 배치된 수단들의 조직력을 얼마나 효과적·지속적으로 발휘하느냐에 좌우됨은 물론, 집결 보유한 예비대를 언제, 어떻게 운용하여 방자^{防者}가 선택한 시간과 장소에서 결정적 전투를 치르느냐에 달려있다.

방어작전에서 예비대는 원칙적으로 지리적 또는 시간적으로 중앙 지점에 집결 보유하거나 배치해야 한다. 예비대의 운용이 성공하려면 증원-역습-저지 등 세 가지 임무를 수행할 수 있도록 작전의 융통성을 보유해야 한다. 예비대의 임무 부여와 투입 시점은 적 공격 예비대의 위치와 투입 방향, 즉 적의 주공 방향을 언제, 어디서 식별하느냐에 따라 결정해야 한다.

적 공격 예비대가 우리의 방어지역전단$^{\text{FEBA: Forward Edge of Battle Area}}$으로 접근하는 것을 식별한다면 우리의 방어 예비대는 책임지역의 전방 방어력을 증원하여 전방 방어부대와 함께 전단을 지키는 임무를 수행하는 것이 효과적이다. 적 공격 예비대가 투입된 상태에서 방어지역 전단에 돌파구를 형성하고 있다면 우리의 방어 예비대는 역습 임무를

수행해야 할 시점이다. 적 공격 예비대가 우리 방어지역 전
단을 돌파한 후 방어지역 종심縱深까지 진출한다면 우리의
방어 예비대는 증원과 역습의 적기를 잇따라 포착하지 못한
국면이기 때문에, 최후 방책으로 남아 있는 저지 임무를 수
행해야 한다.

한반도는 오랫동안 분단된 상태에서 남북한 군사력이 첨
예하게 대치하고 있다. 한반도 내륙의 군사분계선MDL: Military
Demarcation Line과 해상의 북방한계선NLL: Northern Limit Line은 우리
군이 피로써 지켜온 남북의 실질적 경계선이다. 여기서 우
리는 서해 북방한계선이 갖는 전략적 가치에 주목할 필요
가 있다. 이 북방한계선은 남북한 사이에 우발적 무력충돌
을 예방하기 위해 설정된 해상 군사분계선이다.[34] 만일 북한
이 이 해역에서 국지 도발 또는 전면 도발을 감행하는 상황
이 발생할 경우, 우리가 북방한계선이 주는 외선작전의 전
략적·작전적 이점을 극대화하여 지·해·공·해병 합동전
력을 공세적으로 운용한다면, 싸움의 주도권을 시종일관 유
지하며 조기에 북한의 도발 의지를 분쇄할 수 있을 것이다.

중심을 식별하라
_ 중심에 대한 중심의 타격은 승리의 근본

명제 ⓰

항상 대부분의 무게가 가장 밀도 높게 집중되어 있는 곳에 중심이 존재한다. 이 중심은 가장 효과적인 목표를 제공한다. 나아가 가장 강력한 타격은 힘의 중심에 가해지는 타격이다. 이것은 전쟁에서도 마찬가지이다.

- So wie sich der Schwerpunkt immer da findet, wo die meiste Masse beisammen ist, und wie jeder Stoß gegen den Schwerpunkt der Last am wirksamsten ist, wie ferner der stärkste Stoß mit dem Schwerpunkt der Kraft erhalten wird, so ist es auch im Kriege.

> • A center of gravity is always found where the mass is concentrated most densely. It presents the most effective target for a blow; furthermore, the heaviest blow is that struck by the center of gravity. The same holds true in war.

클라우제비츠는 『전쟁론』 '제6편 방어 27장 전구의 방어'에서, 역학에서 말하는 중심의 원리와 효과에 비유하여 전쟁술의 관점에서 중심의 개념과 유형을 정의한다. 그는 군사적 성격의 물리적·심리적 무게 중심重心: Schwerpunkt 또는 지리적 중심中心: Zentrum을 기저 개념으로 활용하여 전쟁론 여러 장·절에서 전쟁과 전투 작전의 다양한 원리를 밝히고 있다.

모든 물체에는 물리적 중심重心이 있고 그 중심에는 그 물체의 무게가 가장 밀도 높게 집중되어 있으며 이 중심은 기하학적 중심中心과 일치하기도 한다. 일반적으로 중요하지 않은 것은 중요한 것에, 작은 것은 큰 것에, 우연은 본질적인 것에 의존한다. 모든 상황 또는 조직에는 힘과 운동의 중심이 존재한다.

모든 군사력에도 일정한 중심들이 존재하며 그 물리적·심리적 균형의 중심들을 중추로 전체 군사력은 통일성과 응집력을 발휘한다. 전쟁술 사고는 적 군사력의 중심Centra gravitatis을 식별하고 그 영향 범위를 인식하는 노력에서 출발한다. 적 군사력 내 형성된 중심을 식별하는 노력과 아울러, 우리 군사력의 중심을 조성하기 위한 판단-계획-준비가 필요하다.

예컨대 전략적 공세 작전 상황에서, 적 군사력의 중심을 공격하기 위해 우리의 우세한 군사력을 최대한 집중해야 하지만, 우리 군사력이 일련의 공격 목표를 탈취하면서 적지 종심縱深으로 전진을 거듭할수록 중요한 적 지역을 점령·통제하는 데 필요한 군사력을 분할해야 할 시점과 지점을 고려해야 한다.

전략적 수세 작전 상황에서는, 우리 군사력의 중심을 방어하기 위해 우리 기동·화력·장벽 등의 군사력을 최대한 집중적으로 운용하면서, 조기에 공세 이전移轉 또는 반격할 수 있는 유리한 여건을 조성해야 한다. 이러한 맥락에서 무력 결전은 방어하는 적의 중심에 대한 우리 중심의 공격이며, 반대로 공격하는 적의 중심으로부터 우리 중심을 방어하는 결정적 싸움이다.

클라우제비츠는 고대 마케도니아의 알렉산더 대왕Alexander III부터 근대 프로이센의 프리드리히 대왕Friedrich II에 이르는

에 이르는 국가 지도자들은 국가의 중심을 군사력으로 간주했다면서, 만일 군대가 강성하지 못했더라면 이들의 지도력은 실패로 끝났을 것으로 분석한다. 이어서 그는 어떤 국가든 내란을 겪고 있는 경우, 그 국가들의 중심은 대체로 수도이고, 강대국에 의존하는 소국가들의 입장에서 그들의 중심은 강대국의 군사력이며, 동맹 체제의 중심은 동맹국들이 공동으로 보호하고 증진하려는 이익이고, 특히 국민 전쟁 시대 군대의 중심은 최고지도자의 인격과 여론이라며, 이러한 중심들을 무너뜨릴 수 있도록 집중적 타격을 가해야 한다고 강조한다. 그가 열거한 중심들은 국가 및 군사지도부의 소재지, 강대한 동맹국의 군사력, 동맹의 공동 이익, 최고지도자의 인격, 국민 여론 등의 범주로 분류할 수 있으며 전쟁의 승패에 결정적이고 중대한 영향을 미치는 요인이라는 공통점을 지닌다.

 클라우제비츠는 우리가 적의 중심을 타격하는 데 성공하더라도 적이 균형을 회복하도록 시간을 허용해서는 안 된다면서 연속적 타격이 승리의 관건임을 강조한다. 따라서 전쟁의 진행 과정에서 우리는 적 국가와 군사력의 중심들을 식별하는 노력을 지속하고 식별된 중심을 무력화할 수 있도록 가용한 수단을 최대한 집중적으로 운용해야 한다.

독일 육군의 기본교리는 작전술 및 전술 차원에서 전투작전의 초기에 중심을 어떻게 형성하고 운용할 것인가, 작전을 진행하는 동안 상황 변화에 따라 어떻게 중심을 전환할 것인가에 초점을 맞추고 있다. 독일 육군의 교리는 다양한 방법으로 중점을 형성할 수 있다고 가르친다. 예컨대 작전의 형태와 성격에 맞춰 공격의 중심, 방어의 중심, 후퇴의 중심, 화력의 중심, 정찰의 중심, 군수지원의 중심 등을 형성하기 위해 가용한 작전·작전지원·작전지속지원 역량을 집중하여 운용할 것을 강조한다. 독일 육군의 중심에 관한 원칙은 전통적 '임무형 지휘체제'의 핵심 요소로서, 하급지휘관들이 행동의 자유 속에서도 상급지휘관의 의도 범위 내에서 부여된 임무를 완수하도록 보장해주는 교리적 장치들 중에 하나이다.

 미국 육군은 1986년 기본 교범 Operations에서 적의 중심을 식별하여 그 중심을 직접 또는 간접적으로 타격하도록 작전계획을 수립해야 한다고 강조하기 시작했다. 베트남 전쟁에서 미국의 패배는 적의 전략적 중심인 북베트남의 주요 표적들을 집중적으로 타격하지 않았던 것에 기인한다는 교훈을 도출하며 클라우제비츠의 중심 개념에 새롭게 주목했던 것이다. 1982년 북대서양조약기구NATO 동맹군의 공지전투

개념Air Land Battle과 1991년 미국의 걸프전쟁Gulf War 수행 개념 역시 클라우제비츠의 중심 이론을 기초로 발전되었다.

현재 미국 육군은 이 중심의 원리를 중추로 작전선lines of operation, 결정적 지점들decisive points, 작전 한계점culminating point 등에 관한 교리를 발전적으로 정립하여 전쟁 또는 전투 작전을 분석하는 도구로 활용하고 있다. 작전선은 적의 중심을 파괴 또는 마비시킬 목표로 노력 또는 기동을 지향하는 선이고, 결정적 지점은 그 중심에 이르는 경로에 위치한 요충지이며, 작전 한계점은 공격 또는 방어작전을 더 이상 지속하기 어려워 작전 종결 또는 작전 형태의 전환이 필요한 시점 또는 지점이다.

이와 같이 클라우제비츠가 『전쟁론』에서 정의하고 예시한 중심Schwerpunkt; Center of Gravity은 오늘날에도 독일군과 미국군 교리의 근간을 이루는 개념이다. 이 원리는 우리의 작전 환경에서도 유용하게 적용할 수 있다. 예컨대 북한의 전략적 중심으로 핵 능력, 평양, 작전적 중심으로 속도, 탄도 및 순항미사일, 후방침투 특수부대, 전술적 중심으로 장사정포, 드론 등을 꼽을 수 있을 것이다. 북한군의 전통적 전술 교리에 등장하는 연속 타격전 또는 제파식 공격의 원칙은 클라우제비츠의 중심 개념과 연관된 연속 타격전 개념을 원용한 것으로 보인다.

우리 군에서도 이미 중심에 관한 교리를 적용하고 있다. 1992년 '한미 연합 작전계획 5027'에서 전략·작전·전술적 중심이 전승의 중요한 원리로서 최초 명문화되었고, 이어서 1996년 우리 육군의 기본 교범인 『작전요무령』에도 관련 교리가 수록되기 시작했다. 우리 군의 합동참모본부에서 소부대에 이르는 모든 지휘관과 참모진은 중심의 원칙에 관해 통일된 전술관을 형성하고 유지해야 한다. 우리 군의 실전 준비태세는 작전을 계획-준비-실시-평가하는 과정에서 책임지역 내 적의 중심을 식별하고 우리의 중심을 형성하는 노력을 통해 최적화되는 것이다.

전쟁술은 억제술
_ 핵전쟁 문턱을 넘지 않도록 확전을 억제

명제 ⑰

전체 전쟁술은 위축되고 조심성을 띠게 된다. 전쟁술의 주요 관심은 불안정한 평형 상태가 돌연 우리에게 불리하게 바뀌거나, 어중간한 전쟁이 진정한 전쟁으로 변질되지 않도록 하는 데 있게 될 것이다.

- Die ganze Kriegskunst verwandelt sich in bloße Vorsicht, und diese wird hauptsächlich darauf gerichtet sein, daß das schwankende Gleichgewicht nicht plötzlich zu unserem Nachteil umschlage und der halbe Krieg sich in einen ganzen verwandle.

> • The art of war will shrivel into prudence, and its main concern will be to make sure the delicate balance is not suddenly upset in the enemy's favor and the half-hearted war does not become a real war after all.

클라우제비츠는 『전쟁론』 '제8편 전쟁 계획 6-1장 군사적 목표에 대한 정치적 목적의 영향'에서, 미래의 전쟁술은 위축되고 조심성을 띠는 추세로 변화할 것임을 예고한다. 그는 모든 구성 및 영향 요소들이 최대치로 망라된 전쟁의 절대적 양상을 이론적으로 제시한 후 그 사유의 틀 속에서 다양한 형태로 나타나는 전쟁의 현실적 양상을 파악하도록 우리를 안내해 준다.

『전쟁론』 '제1편 전쟁의 본성 1장 전쟁이란 무엇인가'에서, "섬멸전쟁에서 단순한 무장 관측 활동까지 그 중요도와 치열도에 따라 모든 유형의 전쟁이 존재할 수 있다는 결론이 나온다. 이것은 앞으로 우리가 분석하고 답해야 할 또 다른 문제를 제기하고 있다"라고 적시한다. 여기서 우리는 클라우제비츠가 절대적 전쟁론 또는 섬멸론을 신봉하는 입장이 결코 아니었음을 확인할 수 있다. 실제로 그는 『전쟁론』 '제8편 전쟁 계획'에서, 다양한 역사적 사례를 논거로 여러 형태의 제한전쟁에 관해 논의한다. 어떤 싸움에 국가 또는 전쟁 참여국의 '사활적 이익'이 걸려 있다면 그 싸움은 절대적 전쟁에 가까운 양상을 띠게 마련이다.

클라우제비츠는 전쟁의 불가측성으로 말미암아 전쟁술이 조심성을 띤다고 파악한다. 이 명제는 국가지도부가 평화를 지키기 위해 전쟁 억제 단계, 전쟁 발발 및 수행 단계, 확전 단계를 어떻게 효과적으로 관리해야 하는가를 함축적으로 제시하고 있다. 오늘날 전쟁은 정치, 정보, 외교, 경제 등의 수단이 차지하는 비중이 크고, 일련의 비#군사 수단이 순수한 군사 수단에 미치는 영향이 더 커져 있기 때문에 전쟁의 상황 변화를 예측하기가 더 어려워졌다.

2025년 6월에 벌어진 이스라엘과 이란의 '12일 전쟁'에서도 전쟁술이 조심성을 띠고 있다는 사실을 쉽게 알 수 있다. 이스라엘은 6월 13일부터 여러 차례 이란의 핵관련 시설과 군사 기지를 200여 대의 전투기와 드론으로 기습 공격했다. 이어서 6월 21일 미국은 B-2 전략폭격기를 투입하여 핵관련 지하시설을 14발의 GBU-57 벙커버스터로 폭격했다. 이에 대한 보복으로 이란은 이스라엘의 주요 도시와 군사 시설을 150여 발의 탄도미사일과 100여 대의 드론으로 타격하고, 카타르 미군 기지에 대해서는 사전 경고와 함께 14발의 탄도미사일로 공격했다. 트럼프 대통령은 이란의 비례성 원칙에 따른 보복 공격 직후 휴전을 중재하고 이란과 이스라엘이 이를 수용함으로써 지상군 투입 또는 주변국의 가세로 인한 확전 위험이 억제될 수 있었다.

국가지도부는 국가안보 목적에 맞게 모든 가용한 수단을 이용하여 힘의 균형이 유지되도록 관리해야 할 의무가 있다. 만일 전쟁 예방 노력이 실패하여 전쟁이 발발한다면 국가지도부는 초기 저강도의 전쟁이 고강도로 확산되지 않도록 제한하고, 또 재래식 전쟁이 핵전쟁의 문턱을 넘지 않도록 전쟁술을 구사해야 할 책무가 있다.

핵시대 군사전략은 전쟁 수행보다 전쟁 억제에 방점이 있다. 버나드 브로디와 허먼 칸은 클라우제비츠가『전쟁론』'제1편 전쟁의 본성 1장 전쟁이란 무엇인가'에서 논의한 확전의 원리를 기초로 핵전쟁 양상을 연구하여 '확전우세' 개념이 포함된 억제적 군사전략을 발전시켰다. 이 전략에 따르면, 만일 재래식 전쟁이 적의 핵 공격first strike으로 인해 핵전쟁으로 비화할 경우, 우리는 적의 추가 핵 사용을 차단해야 한다. 예컨대 우리는 적 전략적 중심에 대한 핵보복을 통해 적의 전쟁 의지와 능력을 압도하는 '확전우세'를 차지할 수 있을 것이다. 핵이란 절대무기의 현존에도 불구하고 재래식 군비는 전쟁을 억제하고 전쟁에서 핵 문턱 nuclear threshold 을 넘지 않도록 억제하는데 유용한 군사전략적 도구로서 가치가 크다.

이러한 맥락에서 우리 국가지도부는 군사력 운용 측면에서 우리의 군사전략과 한미연합방위체제의 본질과 효용을 얼마나 숙려하고 있는지 자문해 봐야 한다. 우리 정치지도부와 군사지도부는 그동안 꾸준히 발전시키고 견지해 온 우리의 군사전략, 즉 평시 북한의 국지 도발에 대한 '적극적 억제전략'과 전시 북한의 전면 도발에 대한 '공세적 방위전략'에 정통해야 한다.

여기서 '적극적 억제전략'은 북한이 국지전쟁을 일으킨 상황에서 그 도발의 범위, 규모, 수단, 그리고 우리의 피해 정도 등을 신속히 평가한 후, 유엔 헌장 제51조에 근거하여 자위권 차원에서 비례성 원칙에 따라 북한의 도발 원점, 지휘 세력, 지원 세력에 대해 응징·보복 작전을 전개하는 것이다.

그리고 '공세적 방위전략'은 '수세이후공세' 전략을 의미한다. 대한민국은 헌법에 따라 북한 집단을 비롯하여 어떤 국가 또는 집단에 대해서도 무력으로 침략하지 않는다. 그러나 북한이 침공한다면 우리는 공세적 방위 전략개념에 따라 북한의 전략적·작전적·전술적 중심에 대해 맹렬한 화력전을 수행하는 가운데, 북한 지상군을 수도권 이북에서 조기에 격퇴한 후 강력한 반격 작전을 전개해야 한다. 만일 북한의 침공이 임박한 징후가 명백하고 심각한 우리측 피해가 예견된다면 우리는 방어 전략 차원에서 철저히 계산된 선제타격을 선택할 수 있다.[35]

이러한 군사전략이 뒷받침하는 가운데 북한이 핵을 억제하고 폐기하도록 강압외교Coersive Diplomacy를 전개해야 한다. 우리의 목표는 명확하다. 추후 남·북·미가 북한의 핵과 미사일 활동의 중단-축소-폐기에 관해 합의할 수 있다면, 그 최종 상태는 북한의 최종적이고 완전하게 검증된 비핵화FFVD: Final Fully Verified Denucleariztion를 달성하고 한반도 평화체제를 수립하는 것이다.

북한은 우리의 평화 의지만으로는 변화시키기 어려운 상대다. 북한의 선의만을 기대하면서 시종 인내하는 것도 무책임하다. 우리의 북한 비핵화 전략은 관여와 제재, 억제적 위협Deterrent-Threat, 대對확산Counter Proliferation 조치 등 세 가지 중심을 형성하여 이 중심들이 선순환 구조를 이루도록 일관성 있게 전개해야 한다.

한국과 미국, 그리고 국제사회가 추구해 온 최대 관여와 제재는 북한이 신뢰할 만한 비핵화 행동의 진전과 결과를 보여줄 때까지 유지해야 한다. 북한 정권의 교체는 우리의 목표가 아니다. 중국과 러시아의 성실한 제재 동참은 북한의 변화를 추동하는 데 필수적이다. 이와 함께 우리는 남북관계를 정상화하기 위해 실용적 지혜와 방법을 모아야 하며 북한 정권에 굴종적이 아닌 상호주의 원칙에 따라 남북관계 발전을 모색하고 추진해야 한다.

북한 주민들의 의사가 북한 정권의 의사결정에 영향을 미치는 상태가 되기 전에는 현실적으로 김정은 정권의 자발적 변화를 기대하기 어렵다. 그러나 우리는 같은 민족인 북한 주민의 참혹한 생활을 남의 일로 여겨 외면해선 안 될 일이며, 북한 체제의 개방을 유도하는 정책을 적극적으로 추진해야 한다. 이제는 북한 인권 문제를 비핵화 협상 테이블에 올려놓는 방안을 적극적으로 모색해 볼 필요가 있다.

왜냐하면 북한 핵 위협의 본질은 김정은 정권의 존재 양식에 있기 때문이다. 북한 정권의 핵심 문제는 북한 주민의 인권 상황이 형언할 수 없을 정도로 비참하다는데 있다. 북한주민에게는 표현의 자유, 거주 이전의 자유, 종교의 자유, 결사 및 집회의 자유 등과 같은 기본권이 보장되어 있지 않다. 북한 정권의 인권 유린 행위는 공산 독재체제를 3대 째

세습하는 과정에서 누적되었고, 이 정권의 생존에 필요했던 핵·미사일 개발에 몰두하면서 더욱 더 악화되었다. 따라서 북한 주민의 인권 문제는 북한 핵·미사일 문제와 밀접하게 연관되어 있는 의제이다. 북한은 최고의 인권 국가라고 선전에 열을 올리고 있지만, '최고 존엄'인 김정은을 국제 형사 재판소에 회부하려는 국제사회의 움직임에는 예민한 반응을 보일 수밖에 없다. 이는 북한이 핵무기 개발은 자신들의 내재적 논리에 따라 자위책을 강구하는 것이라고 주장할 수 있지만 인권 문제는 궤변적 주장으로도 정당화하기 어렵다고 인식하고 있다는 증거이다. 북한은 이 문제에 강하게 반발하면 할수록 수세적 입장이 될 수밖에 없을 것이다.

무엇보다 북한 핵·미사일 위협으로부터 우리의 안전을 보장하는 억제적 위협deterrent-threat 노력은 효과 중심으로 체계화해야 한다. 한미 동맹이 취하고 있는 연합방위태세가 북한으로 하여금 핵을 가져봐야 쓸모가 없고 자신들만 더욱 곤궁해진다고 인식시키는 데 충분한지 반복적으로 따져 봐야 한다.

이제는 핵확산금지조약NPT이 허용하는 범위 내에서 우리나라가 우라늄 농축과 플루토늄 추출 능력을 보유하도록 한미 원자력협정을 개정하는 일을 더 이상 미룰 수 없다. 왜냐하면 경제적·산업적 측면에서 핵연료 주기를 완성하여 원자력 자립도 향상과 친환경 에너지 전환에 기여해야 하고, 국가 안보 측면에서 '잠재적 핵무장' 역량을 보유함으로써 전략적 억제력을 높일 수 있기 때문이다.

2023년 5월 워싱턴 선언을 통해 탄생한 한미 핵협의그룹 Nuclear Consultative Group의 실효적 운영 메커니즘을 확립해야 한다. 무엇보다 미국 대통령이 배타적으로 보유하고 있는 핵 사용에 관한 최종 결심권한을 인정하는 가운데, 그 결심에 이르기 전에 한국 대통령과 협의해야 한다는 의무 조항이 명시되어야 한다.

만일 우리의 대對확산 조치가 소홀하여 북한 핵무기 또는 핵물질이 제3의 행위자에게 전달될 경우 한미 양국은 물론 국제사회는 재앙에 직면하게 될 위험이 높다. 이를 예방하려면 북한이 지상·해상·공중 반출 경로로 핵무기 또는 핵물질을 반출하지 못하도록 철저히 감시하고 적시적으로 차단할 수 있어야 한다. 예컨대 우리 정부와 군은 대량살상무기 확산방지구상PSI: Weapons of Mass Destruction Proliferation Security Initiative 체제의 회원국들을 비롯한 우방국들과 긴밀히 정보를 공유하고 협력하는 체제를 효과적으로 가동해야 한다.

모든 배합의 기초, 무력 결전
_ 평화를 이루는 결정적 요인

명제 ⑱

무력 결전이 모든 배합의 기초라면 적도 성공적인 무력 결전을 통해 우리의 모든 배합의 기초를 무력화시킬 수 있다는 추론이 가능하다. 왜냐하면 모든 중요한 무력 결전, 즉 적 전투력의 격멸은 다른 모든 전투들에 영향을 미치기 때문이다. 이것은 마치 액체가 수평을 유지하려는 원리와 같다.

- Ist die Waffenentscheidung die Grundlage aller Kombinationen, so folgt, daß der Gegner jede derselben durch eine glückliche Waffenentscheidung unwirksam machen kann. Denn jede

> bedeutende Waffenentscheidung, d. i. Vernichtung feindlicher Streitkräfte, wirkt auf alle anderen vorliegenden zurück, weil sie sich wie ein flüssiges Element ins Neveau setzen.
> - If a decision by fighting is the basis of all plans and operations, it follows that the enemy can frustrate everything through a successful battle. For every important victory – that is, destruction of opposing forces – reacts on all other possibilities. Like liquid, they will settle at a new level.

클라우제비츠는 『전쟁론』 '제1편 전쟁의 본성 2장 전쟁의 목적과 수단'에서, 모든 배합의 기초는 무력 결전Waffenentscheidung이라고 정의한다. 모든 전쟁술적 배합의 목적은 최종 승리를 쟁취하는 데 있으며 그 배합 노력의 초점은 무력 결전에 맞춰야 한다는 것이다.

무력 결전이란 무엇인가? 무력 결전은 단일 전투 또는 회전會戰으로서 전체 작전 또는 전쟁 상황에 유리한 영향을 미치는 싸움으로 정의할 수 있지만, 전략적 배합, 즉 일련의 결정적 전투들을 계획 및 준비하고 그 성과들을 배합하여 전체 작전 또는 전쟁의 최종 승리를 결정짓는 싸움으로 정의할 수 있다. 이 전략적 배합을 통해 무력 결전을 위한 전투력의 준비, 최적의 공간과 시간의 선택, 전투력의 기동 방향 설정, 현행 무력 결전의 성과를 확대하기 위한 차후 무력 결전의 계획 및 준비 등이 이루어진다.

클라우제비츠는 무력 결전과 동일한 맥락에서 주력 전투 Hauptgefecht 개념을 정의한다. 주력 전투란 무엇인가? 주력 전투란 주력의 싸움이며 부수 목적을 추구하는 중요하지 않은 싸움이 아니라, 진정한 승리를 위해 모든 노력을 투입해야 하는 결정적 싸움이다. 다른 어떤 싸움보다도 주력 전투에서는 상대적으로 우월한 예비대의 가용성이 싸움의 지속 여부를 결정하는 요인이다.

주력 전투는 응축된 싸움으로서 전체 전쟁 또는 전역의 중심일 수밖에 없다. 클라우제비츠는 주력 전투에 대해 "태양광선이 오목거울의 초점에 집중되어 완전한 형상과 최고의 불꽃을 형성하듯이 일체의 전쟁 역량과 요소들을 주력 전투에 집중해야 통합 효과를 최고도로 발휘한다"라고 물리학적 원리에 빗대어서 설명한다.

대규모 주력 전투에 의한 승패 결정은 전투에 참여한 전투력의 규모와 승리의 강도에만 의존하는 것이 아니라, 국가의 전쟁 수행과 전쟁 지속 역량에 영향을 미치는 무수한 정치·정보·경제 요인들에도 의존한다.

조력 전투가 결정적 이점을 보장할 수 있다면, 가용한 전투력을 주력 전투, 즉 적 전투력의 중심에 우리의 전투력을 최대한 집중하는 전투에서도 예외를 적용할 수 있어야 한다. 전체 작전 또는 전쟁에 중대한 영향을 미치는 위험을 예견한 다면, 그 위험 요소를 예방하거나 최소화하기 위해 주력 전투 역량을 조력 전투로 전환하는 결심을 해야 할 것이다.

역사적 속에서 무력 결전과 주력 전투의 사례는 얼마든지 확인할 수 있다. 나폴레옹 전쟁 시대에 프로이센, 영국, 러시아, 오스트리아 등이 결성한 대對프랑스동맹이 라이프치히 전투[1813년]와 워털루 전투[1815년]에서 거둔 승리는 나폴레옹 체제를 종식시키고 유럽 질서를 재편하는 결과를 가져왔다. 제2차 세계대전 서부 전역Feldzug에서 독일이 전격전Blitzkrieg이란 새로운 전법戰法을 구사하여 단기간에 프랑스를 점령했던 전례[1941년]는 전투력 규모와 지리적 공간 측면에서 대형 무력 결전의 본보기로 꼽힌다. 동부 전역Feldzug에서 독일은 스탈린그라드Stalingrad 전투[1942/3년]에서의 패배를 분수령으로 전체 전쟁의 태세를 전략적 공세에서 전략적 수세로 전환하지 않을 수 없었다.

클라우제비츠는 일련의 명료한 군사적 원칙들을 배합하는 방식으로 전쟁술을 철학적으로 설계할 수 있고 실용적 전쟁 이론을 정립할 수 있으며 창의적인 전쟁 계획을 수립할 수 있다고 통찰한다.

　예컨대 '방어는 소극적 목적을 띤 상대적으로 강력한 형태이며, 공격은 적극적 목적을 띤 상대적으로 약한 형태이다', '대규모 성공은 소규모 성공을 함께 결정짓는다', '전략적 효과는 확실한 중심들로 환원될 수 있어야 한다', '양동은 정상공격보다 약한 전투력 운용이며 그 전투력의 운용은 지극히 제한되어야 한다', '승리의 본질은 전장의 정복일 뿐만 아니라, 물리적·정신적 전투력의 격멸이다. 적 전투력의 격멸은 승리한 회전에서 추격을 통해 비로소 달성된다', '한 축선에서 다른 축선 또는 방향으로 전환하는 것은 필요악으로 간주될 수 있지만, 이렇게 하여 쟁취한 승리의 성과는 가장 크다', '우회의 당위성은 단지 전반적으로 적보다 우월한 상황이거나, 아니면 우리의 연락선連絡線 및 철수로가 적보다 우월한 경우에만 성립된다', '측방진지 역시 이와 동일한 조건에 의해 제약을 받는다', '모든 공격은 전진하면서 약해진다' 등은 실효적 명제들이다.

　만약 우리의 복합적 전쟁 억제 노력에도 불구하고 한반도에서 전쟁이 발발한다면, 우리는 최초 무력 결전에 이어 후속 무력 결전을 거쳐 끝내 최종 승리를 쟁취함으로써 지속 가능한 평화를 이루는 전략적 사명을 완수해야 할 것이다.

에필로그

강한 군대,
존경받는 국가로 가는 길
_ 군사 전문 직업주의와 임무형 지휘를 제언하며

클라우제비츠가 논의한 전쟁의 본성과 구조, 국가 차원의 삼위일체적 구조, 군사 차원의 삼위일체적 구조, 군사적 천재와 무덕 등에 관한 명제와 원리들은 오늘날 모든 국가와 군대가 추구해야 할 군사 전문 직업주의Military Professionalism와 임무형 지휘에 필요한 철학적 기초를 제공한다.

나폴레옹의 등장으로 용병 전쟁 시대가 국민 전쟁 시대로 전환되는 시점에, 클라우제비츠는 장교 개인의 군사전문적 역량이 전체 전쟁과 전투 작전의 승패를 좌우하는 결정적 요인임을 간파했다. 그는 군사 전문 의식과 역량을 갖춘 프로이센 장교단을 육성하기 위해 시대가 요구하는 새로운 전쟁 이론을 정립하고, 이를 기반으로 샤른호르스트 참모총장의 지휘 아래 장교 교육 및 인사제도를 개혁하는 프로그램을 설계하고 추진했다.

국가의 부름을 받은 전문직업 장교단은 최적의 군사력 건설과 효율적 군사력 운용을 통해 국가의 안전을 보장하는 사명을 다해야 한다는 책임 의식과 열정으로 충만해야 한다. 그리고 장교 개인은 자기의 삶 속에서 올바른 인간 존중과 국가 의식 견지, 정치적 중립 의무 등 헌법적 가치 지향, 윤리와 규범에 기초한 명령과 복종의 원칙 적용, 진정한 용기가 내재한 판단력 배양 등의 덕성과 역량을 체화하고 있는지 살필 줄 알아야 한다.

장교단의 정신문화는 반드시 헌법적 가치와 법규에 기반을 둬야 한다. 장교는 '군복을 입은 국민'이다. 장교가 수호해야 할 헌법적 가치는 국군의 국가안전보장·국토방위·정치적 중립 의무^{헌법 제5조}를 비롯해 자유민주주의·시장경제체제, 인권을 포함한 자유권, 국방의 의무를 포함한 6대 의무 등을 일컫는다. 다만 국방의 의무를 이행하는 동안 거주이전·결사집회의 자유 등은 제한을 받는다.

우리나라 안팎의 정세가 갈수록 복잡해지는 환경에서 우

리의 '군사 전문 직업주의'를 새롭게 세우려면, 무엇보다 부문별 군사적 천재들을 적재적소에 운영할 수 있는 제도적 장치를 마련해야 한다. 소수의 군사적 천재는 개인의 타고난 재능에만 의지하여 어느 날 갑자기 출현하는 것이 아니다. 국민이 신뢰할 수 있는 군사적 천재와 장교단은 국가가 책임지고 철저히 체계적으로 길러내야 할 의무가 있다.

외부의 위협이나 침략으로부터 국가를 지키는 일은 가장 중요한 국가의 책무이며, 그 책무 완수를 위해 가장 중요한 집단이 군대이고 그 중심에 장교단의 역할이 있다. 만일 이렇듯 중요한 조직을 솔선수범하며 이끌 우수한 장교들을 선발하고 관리하는 제도가 부실하다면 군인 스스로는 물론 국민은 우리 국방을 신뢰하기 어렵지 않겠는가.

군사적 천재는 다층적 장교교육훈련 과정을 통해 초인지 metacognition 능력으로 무장된 군인이라고 정의할 수 있다. 이러한 장교 집단을 형성하려면 우선 최적화된 선발-교육-보직-진급으로 이루어지는 순환적 인사관리제도를 확립해야 한다. 그리고 현행 육·해·공군사관학교의 교육 목표와 중점, 교과과정부터 국방대학교의 전공 수업 목표와 중점, 교과과정에 이르기까지 교육철학적 가치, 군사전문적 역량, 안보환경의 변화 추이, 시대적 요구 등의 관점에서 재평가하여 전체 장교교육체계를 재정립하지 않으면 안 될 것이다.

　이를 위해 오랜 역사와 전통을 지닌 독일군의 장군참모과정Generalstabslehrgang, 미국군의 지휘참모과정Command & Generalstaff College과 고급군사연구과정School of Advanced Military Studies의 교과과정을 고찰하여 우리 의식구조와 군이 처한 환경과 시대 흐름에 적합한 인재 육성 및 관리 제도를 마련할 수 있을 것이다.[36]

　이 새로운 제도에 따라 배출된 엘리트 장교들은 국가의 책무와 군인의 사명에 충실하고 우수한 군사 역량을 갖추게 될 것이다. 이 장교들은 가장 중요한 시간과 장소에서 가장 힘들고 중요한 임무를 맡아 수행할 것이고, 군 조직의 운영, 군사대비태세, 군사력 건설 및 운용에 관한 미래 기획을 주도하며 군 조직 내부와 사회와의 관계에서 건강한 비판력과 집단지성을 발휘하게 될 것이다. 이 장교들이 솔선수범하는 부대와 부서에는 '군사 전문 직업주의' 문화가 자연스럽게 형성되고 확산될 것이다. 그리하여 우리 군은 국민의 군건한 신뢰를 받게 되고 어떤 부당한 정치적 외압에도 동요하지 않고 군사 고유의 가치를 계승하는 조직으로 거듭나게 될 것이다.

　칸트Immanuel Kant에 따르면, 국가의 존재 이유는 무엇보다 국민 개인이 자유로운 삶을 마음껏 펼치도록 내·외부의 위협으로부터 국가의 독립과 안전을 보장하는 데 있으며, 국민 개개인은 자기 학업과 직업 활동을 통해 국가를 부강하게 만드는 데 이바지해야 한다. 이러한 관점에서 전문직업 군인만큼 개인의 자아실현을 국가의 존재 이유와 동일시할 수 있는 직업은 없다고 본다.

클라우제비츠는 나폴레옹에게 빼앗긴 프로이센의 국권을 되찾으려면 국가가 강해져야 한다면서, "강한 국가가 되려면 강한 군대를 만들어야 하고 강한 군대의 비결은 장교단의 우수한 판단력에 있다"라고 역설한 바 있다.

인간의 판단은 개념과 직관의 작용이다. 개념은 끊임없는 공부와 노력의 산물이며, 직관은 그 개념이 고도화됐을 때 비로소 발현된다. 개인의 판단력은 '자아의식'과 결합되어 있다. 장교는 자기 생각이 언어와 행동으로 표현되는 과정을 철저히 의식할 줄 알아야 한다. 왜냐하면 장교의 판단과 결심과 명령은 부대 운영의 성패를 좌우하고 특히 실제 전장에서 자신은 물론 부하들의 운명까지도 가르는 결정 요인이기 때문이다.

문민 정치지도부와의 관계에서, 군사지도부는 국가안보에 대한 북한 위협의 잠재성과 임박성을 관찰하고 경고해야 할 의무가 있다. 군인은 외부 위협을 논리적으로 평가하는 과정에서 군사적 불안정성과 위험을 강조해야 하며, 군사적 판단을 희망적 사고로 채색하거나 외부 정치 세력의 부당한 영향으로부터 자유로워야 한다.[37]

다음으로 '군사 전문 직업주의' 문화를 정착시키는 데 꼭 필요한 지휘통솔의 철학적 원리로서 '임무형 지휘'를 논의해야 할 순서이다.

'임무형 지휘'는 독일군의 임무형 전술Auftragstaktik에서 유래한다. 우리 육군은 1990년대 후반부터 독일군 임무형 전술의 역사와 교리, 운용 실상, 적용방안 등에 관해 여러 차례 연구 및 적용 노력을 기울여 왔고 '임무형 지휘'를 우리 육군의 지휘철학으로 삼아 실천하고 있다. 미국군도 현재 임무형 지휘Mission Command 원리를 부대 지휘, 교육훈련, 실전 현장에서 구현해 온 지 20년이 넘었다.

역사적으로 임무형 지휘의 원형은 1809년 시작된 프로이센 육군의 개혁과정에서 태동했다. 클라우제비츠는 샤른호르스트의 지휘하에 군사개혁의 철학과 구체 프로그램을 설계하고 발전시켰다. 이 개혁의 철학과 프로그램은 훗날 헬무트 폰 몰트케Helmuth von Moltke가 정립한 임무형 전술 개념과 유관한 정신과 원리들을 담고 있다.

클라우제비츠는 새로운 전쟁술은 인간을 기계처럼 운용하는 관행에서 벗어나 무기별 특성이 허용하는 범위 내에서 개인별 역량에 활력을 부여하는 데 역점을 둬야 한다고 강조했다.[38]

클라우제비츠는 나폴레옹 휘하의 프랑스군이 연전연승을 거두는 비결이 모든 개별 군인의 역량을 극대화하고 개개인에게 전투적인 신념을 불어 넣는 데 있으며, 이 전쟁의 불길 戰火이 군대의 모든 요소를 타오르게 하는 데 있다고 간파했다. 나폴레옹 전쟁 이전의 기계적·기하학적 전쟁에서는 정신적 역량이 물리적 역량의 종속 변수였다면, 나폴레옹 전쟁을 계기로 전쟁술은 인간의 지성과 정신적 역량이 물리적 역량을 지배하는 특징을 지니게 된 것이다.

이러한 역사적 배경에서 태동한 임무형 지휘철학의 핵심 가치는 상급 지휘관이 하급 지휘관들에게 최대한 행동의 자유를 부여하는 데 있다. 하급 지휘관은 부여된 임무를 효율적으로 완수하기 위해 상급 지휘관의 의도 범위 내에서 행동의 자유, 즉 '상급 지휘관과 함께 생각하는 복종', '복종 속의 자유'를 누린다.

임무형 지휘의 요체는 4가지이다.

①상급자는 자신의 의도가 포함된 명확한 임무 What to do를

부여하며, 임무 완수에 필요한 역량과 수단을 최대한 제공한다. 상급자는 오직 같은 목적에 기여하고 상호 조화가 필요한 경우에만 세부사항을 하달한다.

②하급자는 임무 완수에 필요한 최적의 방법과 수단How to do을 안출하여 적용한다. 하급자는 전체 조직의 행동을 염두에 두고 최대한 자율적으로 행동하면서 상황 변화에 바로 대응하여 순간의 이점을 이용한다.

③상급자는 오직 하급자들의 조화로운 협동이 필요하거나 하급자의 실행력이 자신의 의도 구현을 위태롭게 만든다고 판단할 때만 개입한다.

④상급자의 지도 범위는 하급자 개개인의 성숙도에 따라 달라진다. 성숙한 하급자에게는 그만큼 위임하고 미숙한 하급자는 더 세심하게 가르친다.

여기서 임무형 지휘 체계의 작동 기반을 이해하기 위해서는 명령과 복종의 원칙과 그 한계를 규명할 필요가 있다. 기본적으로 군대를 구성하는 모든 군인은 무력을 관리해야 할 의무가 있다. 군인은 부여된 임무를 수행하기 위해 평시에는 제한적으로 전시에는 어떤 제한도 없이 무기를 사용할 수 있다. 여기서 국가는 군인이 무기 사용 과정에서 생명과 신체의 위험을 감수하고 임무를 완수할 것임을 기대하고 신뢰할 수 있어야 한다. 군인은 마음과 몸을 다해 이러한 국가의 기대에 부응해야 할 의무가 있다. 군대의 평시 과제는 전쟁에 대비하면서, 자유민주주의 질서 유지에 대한 책임을 다하는 것이다. 그러나 전쟁이 발발하면 군인은 평시보다 더 극단적인 역량을 발휘하고 더 단호한 의지를 발현해야 한다. 이처럼 군인의 의무는 다른 전문 직업인과 달리 극단적인 성격을 내재하고 있다.

상급자는 명령을 하달할 수 있는 권한을 갖는다. 하급자의 위치에 있는 군인은 복종할 의무가 있다. 군대에서 복종은 본질적으로 엄정하며, 군인에게 복종은 단순한 행위가 아니라 준엄한 의미를 지닌다. 군대 전체의 지휘 관계는 위계를 유지하며 그 정점에는 최고 명령권자로서 국민이 선출한 대통령인 국군통수권자가 있다.

군대의 모든 지휘관은 복종을 요구할 수 있고 또 요구해야만 하며, 모든 부하는 복종해야 할 의무가 있다. 무엇보다 군대에서는 부대 행동의 통일을 유지하는 것이 중요하기 때문이다. 지휘관의 명령에 대해 어떤 부하가 자신의 의견과 다르다는 이유로 복종하지 않으면 그 지휘관은 자신의 책무인 부대의 행동 통일을 유지할 수 없다. 군대는 다른 조직과 달리 개인 역량의 발휘도 중요하지만 개인 역량을 결속하여 집단 역량을 발휘할 수 있어야 한다. 기본적으로 명령 하달과 명령 이행의 결과에 대한 책임은 명령을 하달한 명령자에게 있다. 복종자의 책임은 명령의 실행 부분에 한정되는데, 그 이유는 명령을 이행하는 과정에서 복종자 자신의 판단과 의지가 작용하기 때문이다.

그러나 이러한 복종체계에는 엄격한 한계가 있다. 군인의 지위 및 복무에 관한 기본법과 시행령, 군형법 등은 장교의 규범적 권위를 제공해준다. 여기서 명령과 복종의 절대성은 성립할 수 없다는 명료한 기본 인식이 필수적이다. 장교라면 어떤 명령이든 헌법적 가치와 법규에 정합하는지, 합법적이고 합리적인지, 충성의 대상이 국가인지 정치권력인지를 냉정하게 판별할 수 있어야 한다. 이런 판단에 기초한 자신의 언행이 국민에게 신뢰를 줄 수 있는지도 자문해야 한다.

어떤 명령도 그 실행이 경범죄 또는 중범죄를 낳는다면 복종해선 안 된다. 복종자가 자신의 실행이 범죄가 될 것을 명백히 인지한다면 그 불법적 명령에 대해 상급자와 함께 공동 책임을 져야 하고 이에 대한 처벌이 따를 수 있다. 그러나 복종자가 명령에 따르는 과정에서 경범죄 또는 중범죄를 저지를지 모른다는 의심을 거둘 수 없거나 단순히 의심을 품은 상태였다면 그 책임은 전적으로 명령자에게 있다. 명령자의 범죄적 의도에서 연유된 복종의 한계에 관한 조항들은 관련 법규에 명시되어야 한다. 명령자가 자신의 명령 권한을 어떤 범죄를 목적으로 오용하는 경우에 그 명령은 효력을 상실한다.

  명령에 대한 복종의 엄정한 한계의 범주를 다음과 같이 예시할 수 있을 것이다. 첫째, 명령이 복종자의 인권을 침해하거나 명령자의 사적인 목적으로 하달된다면, 그 명령은 효력을 상실하며 복종할 필요가 없다. 만일 복종자가 인권을 침해하는 명령을 이행해도 명령자는 그 책임으로부터 자유로울 수 없다. 둘째, 명령자의 오판으로 인한 명령에 대해서 또는 주어진 여건의 제약으로 인해 명령의 이행이 불가능한 경우, 복종자는 명령을 이행할 수 없다고 보고한 후 다음 명령을 수령할 준비를 갖춰야 한다. 셋째, 명령자가 인지하거나 인지할 수 없는 상태에서 복종자의 명령 이행을 무의미하게 만드는 사건이 발생하는 경우, 복종자는 수령한 명령을 이행하지 않거나 변경시켜야 할 의무가 있다.

  이와 같이 명령자 또는 명령 자체가 지닌 문제로 인해 복종자가 이행할 수 있는 한계를 넘어선 명령에 복종하지 않는 행위는 법적 보호를 받아야 한다. 그러나 명령의 한계가 지켜졌는지 또는 넘어섰는지에 대한 명령자와 복종자의 판단과 인식은 개별 사안별로 살펴야 하고 법률조항의 해석을 어떻게 하느냐에 따라 달라질 수 있다. 더욱이 전쟁 또는 전투 작전 상황에서는 명령의 유의미와 무의미에 대해 판단하기 어렵다. 평시에는 어떤 오판에 의한 명령 또는 희생을 요구하는 명령이 정당화될 수 없을지라도 전시에는 그 명령에 대한 복종이 정당하다고 간주할 수 있다. 왜냐하면 그 명령에 복종하지 않음으로써 부대 전체의 신속하고 통일된 작전 행동이 제약을 받고 작전 목표 달성이 어려워질 수 있기 때문이다. 맹목적 복종이 편리할 수 있지만 결코 복종자의 진실한 태도와 행동이 될 수 없다. 복종은 엄정해야 하며 한계를 지키는 범위 내에서 마음과 몸을 다해 이행해야 한다. 모든 복종은 공적 임무와 공적 이유에서만 유효하다.

지금까지 논의한 바와 같이, 우리의 '군사 전문 직업주의'를 새롭게 세우고 우리 군의 지휘철학인 '임무형 지휘'를 정착시키려면 가장 우선적으로 장교 교육체계와 인사관리체계를 재설계해야 할 것이다.

'군사 전문 직업주의'와 임무형 지휘는 클라우제비츠의 군사적 천재론과 무덕론에 뿌리를 두고 있다. 그 철학과 가치를 구현하고 체화하도록 장교단의 교육체계와 인사관리

체계를 최적화한다면, 투철한 국가 의식, 전장에 대한 뛰어난 상상력, 진정한 용기로 충만한 군사적 천재들이 중심을 이룬 장교단을 육성하여 '군사 전문 직업주의' 문화를 꽃피울 수 있을 것이다. 그리하여 우리 군은 직업적 소명을 다하는 믿음직한 국민의 군대로 재조형될 수 있다고 나는 확신한다.

결론적으로, 나는 클라우제비츠가 주창한 본래적 명제들의 현재적 의미를 설명하고, 우리 안보 상황 조건에 맞춰 개별 명제들을 발전적으로 응용한 나의 생각들을 정리해 보았다. 진리의 본질은 자유라는 관점에서, 이 책이 전쟁과 평화에 관한 우리의 창의적 사유와 자유로운 담론을 조금이라도 자극할 수 있다면 더 바랄 나위 없을 것이다.

부록

『전쟁론』

클라우제비츠 지음

류제승 옮김

『전쟁론』

제1편 전쟁의 본성

1장 전쟁이란 무엇인가

1. 서론

　우리의 연구 주제와 관련된 개별 요소들과 개별 부분들을 사유하고, 이어서 최종적으로 내적 연계하에 전체를 고찰하고자 한다. 즉 단일한 것에서 복합적인 것으로 진전되는 연구방법론이다. 하지만 다른 장보다도 이 장에서는 전체의 본질을 조망하면서 연구에 착수하는 것이 요구된다. 왜냐하면 이 장에서는 항상 부분과 함께 전체를 사유해야 하기 때문이다.

2. 정의

여기서는 전쟁에 대한 난해한 정론政論적 정의를 다루지 않고, 전쟁의 요소, 즉 양자 결투에 관해 논급하고자 한다. 전쟁은 확대된 양자 결투에 불과하다. 전쟁을 형성하는 무수한 양자 결투들을 하나의 통일체로 생각한다면 두 명의 결투자를 쉽게 떠올릴 수 있다. 양자는 공히 자신의 의지를 관철시키기 위해 물리적 폭력으로 상대방을 강요할 것이다. 이들의 당면 목적은 적을 타도하고 이를 통해서 어떤 추가적인 저항도 불가능하도록 만드는 데 있다.

그러므로 전쟁은 우리의 의지를 실현하기 위해 적을 강요하는 폭력행동이다.

폭력은 폭력에 대처하기 위해 창안된 일련의 술術과 학

ᵖ으로 무장된다. 폭력에는 감지할 수 없고 거의 무시해도 좋을 제한이 따르지만, 국제법상의 관례라는 미명하에 존재하는 이 제한사항들이 그 힘을 근본적으로 약화시키지는 못한다. 폭력, 즉 물리적 폭력**왜냐하면 국가와 법 개념의 범주를 벗어나면 정신적 폭력은 존재하지 않기 때문이다**은 전쟁의 수단이고, 적에게 우리의 의지를 강요하는 것은 전쟁의 목적이다. 이 목적을 확실하게 달성하기 위해 우리는 적을 무장해제의 상태로 만들어야 하며, 이것은 이론상 전쟁의 고유 목표이다. 이 목표는 전쟁의 목적을 대신하고 전쟁 자체에 속하지 않는 전쟁의 목적을 배제한다.

3. 폭력의 극단적 운용

인도주의자들은 지나치게 많은 사상자를 유발하지 않고 적을 교묘하게 무장해제시키거나 타도할 수 있다고 쉽게 생각할 수 있을 것이다. 이것은 전쟁술의 고유한 성향이기도 하다. 이러한 성향은 좋아 보이지만 우리는 이와 관련된 인식의 오류를 철저히 분쇄해야 한다. 왜냐하면 전쟁과 같은 위험한 상황에서는 이와 같이 자비로운 마음에서 생겨난 인식의 오류가 최악의 것이기 때문이다. 물리적 폭력의 극단적 운용에는 지성의 동시 작용이 결코 배제될 수 없는 까닭에 적과는 달리 피를 아끼지 않고 무자비하게 폭력을 운용하는 자가 분명히 우위를 차지할 것이다. 따라서 적에게 법칙을 강요하는 양자의 무자비한 행위는 양자의 내재된 상호 대항의 한계 외에 다른 한계가 존재하지 않는 상태에서 극단적으로 상승 작용을 일으키게 된다. 이상과 같이 전쟁을 인식해야 한다. 야만적 요소에 대한 거부의지로 인해 전쟁의 본성을 무시하는 것은 헛되고 그릇된 노력이다.

 문명국민 간의 전쟁은 야만국민 간의 전쟁에 비해 참혹하고 파괴적인 성격을 훨씬 약하게 띤다. 그 원인은 국가 내부와 국가 상호 간의 사회적 상황에서 찾아볼 수 있다. 전쟁은 이러한 상황과 환경의 결과로써 나타나며 이러한 상황을 통해 제약, 제한, 완화된다. 그러나 이러한 상황과 환경은 전쟁 자체에 종속된 것이 아니라 단지 주어진 것이다. 그리고 완화의 원칙은 논리적 모순을 범하지 않고는 전쟁의 철학에 결코 도입될 수 없다.

인간들 간의 싸움은 본래 두 개의 상이한 동기, 즉 적대감정과 적대의도로 구성되어 있다. 우리는 그 가운데에서 후자를 정의하려는 대상으로 선정했다. 그것은 후자가 보편적인 요소이기 때문이다. 물론 가장 야만적이고 본능에 가까운 증오 감정을 적대의도를 배제한 채 생각할 수는 없다. 반면에 적대감정이 전혀 동반되지 않거나 최소한 지배적인 적대감정이 동반되지 않는 적대의도는 많이 있다. 야만국민들은 감성에 치우친 의도에 의해 지배되고 문명국민들은 이성에 치우친 의도에 의해 지배된다. 이러한 차이는 야만과 문명의 본질 자체에 기인하는 것이 아니라, 야만과 문명에 수반되는 상황과 제도 등에 기인하고 있다. 따라서 이 차이가 모든 개별적인 경우에 필연적으로 적용되는 것은 아니지만 대부분의 경우에 나타나게 된다. 요컨대 최고 문명국민들 사이에도 상호 적대감정이 격렬하게 불타오를 수 있다.

여기서 문명국민들 간의 전쟁을 정부의 순수한 이성적

행동에 기인한 것으로 생각하고 나아가 전쟁을 어떤 정열과도 무관한 것으로 생각하려는 것은 명백한 오류이다. 만일 그렇다면 전쟁은 결국 전투력의 물리적 충격을 실제로 사용할 필요가 없는 대신 상호 전투력의 비교, 즉 일종의 전쟁의 대수학만을 필요로 할 것이다.

최근의 전쟁 양상이 교훈을 주었기 때문에 전쟁 이론은 다음과 같은 방향으로 발전하기 시작했다. 전쟁이 일종의 폭력 행동이라면, 전쟁은 불가피하게 감성에 종속되어 있다. 만일 전쟁이 감성에서 연유되지 않은 것이라 할지라도, 정도의 차이가 있지만 감성은 분명 전쟁에 영향을 미친다. 여기서 '정도의 차이'는 문명의 수준에 달려 있는 것이 아니라 적대적 이해관계의 중요성과 지속 기간에 비례한다.

문명국민들이라면 포로를 죽이지 않고 도시나 농촌을 파괴하지 않을 수도 있다. 왜냐하면 이들의 지성이 전쟁 수행에 좀 더 크게 작용하고 폭력을 운용하는 면에서 본능의 야만적인 표현방식보다 효과적인 수단을 가르쳐주기 때문이다.

화약의 발명과 무기의 지속적인 발전은 전쟁의 개념 속에 내포된 적을 격멸하려는 성향이 문명의 진보에도 불구하고 사실상 전혀 변화되거나 다른 방향으로 전환되지 않았음을 보여주고도 남음이 있다.

우리는 다음의 명제를 반복 표현하고자 한다. "전쟁은 하나의 폭력 행동이며 이론상 그 폭력의 운용에는 한계가 없다." 따라서 누구나 상대방에게 법칙을 강요하여 이론상 극단으로 치닫는 상호작용이 생겨난다. 이것이 우리가 부딪치게 되는 첫 번째 상호작용이요 첫 번째 극단極端이다.^{최초의 상호작용}

4. 목표는 적을 무장해제하는 것이다

적을 무장해제하는 것이 전쟁의 목표라고 논급한 바 있다. 여기서 이 명제가 적어도 이론적 관념에서는 필수적임을 밝히고자 한다. 만일 적에게 우리의 의지를 강요하려면, 우리가 적으로부터 요구당하는 희생보다 불리한 상황으로 적을 몰아넣어야만 한다. 그러나 이러한 상황의 불리함이 적어도 외견상 일과성을 띠어서는 안 된다. 그렇지 않으면 적은 기회를 기다리면서 포기하지 않을 것이다. 또한 계속되는 전쟁 행동이 가져올 상황의 변화는 적어도 관념상 최초보다 더욱 불리한 상황으로 진행되어야 한다. 상대 교전국이 빠질 수 있는 최악의 상황은 완전한 무장해제이다. 따라서 전쟁 행동을 통해 적을 강요하여 우리의 의지를 관철시키려면, 적을 실제로 무장해제 상태로 만들거나 그렇게 될 개연성 때문에 위협을 받는 상황으로 몰아넣어야만 한다. 여기서 적의 무장해제 또는 타도는 항상 전쟁 행동의 목표여야 한다는 결론이 도출된다.

    전쟁은 생명이 없는 집단에 대한 생명이 있는 힘의 작용이 아니며, 완전한 무저항은 결코 전쟁일 수 없으므로 항상 생명이 있는 두 힘의 상호 충돌이다. 전쟁 행동의 궁극적 목표에 관해 논급한 것은 양자에게 공히 적용된다. 여기서 다시 상호작용의 개념이 등장한다. 내가 적을 타도하지 못하는 한, 나는 적이 나를 타도할 것을 두려워해야 한다. 따라서 나는 더 이상 적을 지배하는 입장에 설 수 없게 되어, 내가 적에게 법칙을 강요하는 것처럼 적이 나에게 법칙을 강요하게 된다. 이것이 두 번째 극단으로 치닫는 두 번째 상호작용이다.두 번째 상호작용

5. 힘의 극단적 발휘

적을 타도하고자 한다면 적의 저항능력을 고려하여 우리의 노력을 판단해야 한다. 이 노력은 서로 분리될 수 없는 요인, 즉 현존 수단의 규모와 의지의 강도로 구성된 산물을 통해 표현될 수 있다.

현존 수단의 규모는 측정이 가능하다. 왜냐하면 완전하지는 않지만, 숫자에 근거하기 때문이다. 그러나 이에 비해 의지의 강도는 측정이 어려우며 단지 그 의지를 불어넣은 동기의 강도에 따라 평가될 수 있을 뿐이다. 이러한 방식으로 적의 저항 능력에 대해 상당히 정확한 평가에 이른다면 우리의 노력을 적의 노력과 비교 측정할 수 있

다. 그리하여 우리의 노력을 적보다 우월하도록 크게 만들거나, 그럴 수 있는 수단이 부족하다면 최대한 우리의 노력을 크게 만들어야 한다. 그러나 적도 마찬가지로 그렇게 할 것이다. 따라서 새로운 상호 상승 작용이 나타난다. 이 상승 작용은 순수한 관념상으로 양자가 극단으로 치달도록 강요하게 된다. 이것이 우리가 봉착하게 되는 세 번째 상호작용과 세 번째 극단이다.^{세 번째 상호작용}

6. 현실적 제한

그러므로 순수개념의 추상적 영역에서는 월등한 이성이 극단에 도달할 때까지 쉴 곳이 없다. 왜냐하면 이 이성은 극단과 관계하고 자유로운 힘의 충돌과 관계하며 내적 법칙 외에 어떤 명령에도 복종하지 않기 때문이다. 만일 전쟁의 순수개념으로부터 우리가 지향하는 목표와 운용해야 하는 수단에 대한 절대적 논점을 추론하고자 한다면 지속적 상호작용은 우리를 극단에 빠지게 할 것이다.

이 상호작용은 거의 보이지 않고 난해하며 교묘한 논리의 연쇄에서 비롯된 관념의 유희에 불과하다. 만일 우리가 절대적인 것에 집착하여 모든 난점을 일필一筆로 회피하고 항상 극단적인 것을 목표로 매번 극단적인 노력에 전념해야 한다는 엄격한 논리에 매달린다면, 이러한 일필은 단순한 책 속의 법칙일 뿐 현실 세계에서는 효력을 지닐 수 없다.

설령 이러한 극단적인 노력들을 쉽게 발견할 수 있는 절대적인 것으로 가정한다 해도 그 자체가 인간의 정신이 논리적 환상에 의해 지배되지 않음을 인정하는 것이다. 그것은 때때로 불필요한 힘의 소모로 이어지며 또한 정치술의 다른 원칙과 상충될 것이다. 즉 의도된 목적과 균형을 이루지 못하고 실현될 수도 없는 의지의 노력이 요구되는 것이다. 왜냐하면 인간의 의지는 결코 교묘한 논리를 통해 힘을 얻지 못하기 때문이다.

그러나 추상에서 현실로 들어가면 모든 것이 다른 양상을 띠게 된다. 추상 세계에서는 모든 것이 낙관주의에 의해 지배된다. 그래서 우리는 양측 교전자가 완전성을 추구할 뿐만 아니라 그 완전성을 달성한다고 생각한다. 그런데 이것이 현실 세계에서도 가능한가? 다음과 같은 조건이라면 가능할지도 모른다.

1) 전쟁이 돌연히 일어나고 이전의 정치의 세계와 관계가 없는 완전히 고립된 행동인 경우 2) 전쟁이 단일한 결전 또는 일련의 동시적 결전으로 구성되어 있는 경우 3) 전쟁이 자체적으로 완전한 결전을 포함하고 있을 뿐, 전쟁에 수반되는 정치적 상황이 사전에 이루어진 계산적 사고를 통해 전쟁에 영향을 주지 않는 경우 등.**이론이 현실과 일치될 수도 있지만 실제로는 그렇지 않다**

7. 전쟁은 결코 고립된 행동이 아니다

첫 번째 조건과 관련하여 양측의 어느 한 편도 다른 한 편에서 볼 때 추상적 인물이 아니다. 그것은 외부의 사정에 의존하지 않는 저항 능력의 한 요인, 즉 의지에 있어서도 마찬가지이다. 의지는 완전히 미지의 요소가 아니다. 우리는 현재 의지의 존재 모습에서 미래 의지의 존재 모습을 예견할 수 있다. 전쟁은 돌연히 발발하지 않으며 한순간에 확대되지 않는다. 따라서 엄밀히 말하면 양측은 각각 상대가 어떤 존재일 것이고, 어떤 행위를 할 것인가에 기초하여 판단하는 것이 아니라, 상대방은 어떤 존재이고 어떤 행위를 하고 있는가에 기초하여 대략적으로 판단할 수 있다. 그러나 불완전한 인격체인 인간은 절대적 완전성에는 도달할 수 없으므로 양측 상대에게 공히 나타나는 이러한 불완전성은 하나의 완화 원리가 된다.

8. 전쟁은 지속 기간 없이 단 한 번의 타격으로 구성된 것이 아니다

두 번째 조건은 다음과 같은 고찰을 필요로 한다.

전쟁에서의 결전이 단일하거나 동시적 결전의 집합체라면, 그 결전을 위한 모든 준비는 필연적으로 극단으로 치닫는 경향을 띠게 될 것이다. 왜냐하면 한 번 상실된 기회는 어떤 방식으로도 만회될 수 없기 때문이다. 현실 세계에서는 적의 알려진 준비 상태만이 우리에게 유일한 척도를 제공해 줄 수 있을 뿐이며, 그 외의 모든 부분들은 추상의 영역에 맡겨지게 된다. 그러나 결전이 일련의 연속된 행동으로 구성되어 있다면 당연히 선행 행동의 모든 현상들은 후속 행동의 척도가 될 수 있다. 이러한 방식으로 현실 세계는 추상의 세계를 대신하게 되며 극단으로 치닫는 노력을 완화하게 된다.

만일 싸움에 쓰이는 모든 수단들이 동시에 동원되거나 동원될 수 있다면, 필연적으로 모든 전쟁은 단일 결전 또는 동시적 결전의 집합체로 구성되어야 할 것이다. 왜냐하면 하나의 불리한 결과를 낳는 결전이 그 수단들을 불가피하게 감소시키고 심지어 모든 수단들을 소모하게 되었다면, 사실상 두 번째 결전을 더 이상 고려할 수 없기 때문이다. 따라서 이어질 수 있는 모든 군사적 행동은 본질적으로 첫 번째 결전에 속한 것이며, 사실상 첫 번째 결전 지속 시간의 일부를 형성하는 것이다.

우리는 이미 전쟁 준비 단계에서 현실 세계가 순수개념을 대신하고, 현실적 척도가 극단적 가정을 대신한다는 것을 인식하게 되었다. 따라서 양측 교전자는 상호작용에서 극단의 노력에 못 미치는 수준에 머물러있게 되며 모든 전투력을 동시에 동원하지 못할 것이다.

모든 전투력이 동시에 효력을 발휘할 수 없는 원인은 전투력의 본성과 전투력 운용의 본성에 있다. 여기서 전투력이란 자국의 군사력, 지표물과 국민으로 구성된 국토 그리고 동맹국들이다. 지표물과 국민으로 구성된 국토는 자국 군사력의 근원이기도 하지만 전쟁에 효과적인 규모로 한정된 구역을 형성한다. 즉 전구戰區에 속하거나 전구에 뚜렷한 영향을 주는 국토의 일부만이 여기에 해당된다.

이렇게 되면 우리는 모든 동적인 전투력을 동시에 운용할 수 있다. 그러나 전쟁의 첫 번째 행동을 통해 전체를 장악할 수 있을 정도로 국토가 좁지 않다면 모든 요새, 하천, 산악, 주민 등을 운용할 수는 없다. 다시 말하면, 전체 국토를 전투력으로 운용할 수 없다는 것이다. 나아가 동맹국의 협력은 교전자의 의지에 달려 있지 않다. 동맹국이 대체로 뒤늦게 참전하거나 상실된 균형을 회복하기 위해 증원되는 것은 국제관계의 본질이다.

이와 같이 대부분의 경우 즉각적으로 효력을 발휘할 수 없는 저항전투력은 우리가 일견 예상하는 것보다 훨씬 큰 비중을 차지한다. 또한 대규모 전투력이 최초의 결전에서 소모되어 전투력의 균형이 심각하게 흔들릴 경우, 상실된 균형은 이 저항 전투력으로 회복될 수 있다. 이 문제는 추후 상세하게 논의될 것이다. 여기에서 모든 전투력의 동시 집중은 전쟁의 본성과 상반됨을 충분히 알 수 있다. 그러나 이러한 사실 자체가 최초 결전을 위한 노력의 증대를 완화시키는 원인일 수는 없다. 왜냐하면 패배를 낳는 결전은 항상 아무도 일부러 감행하려고 하지 않는 불리점이기 때문이다. 또한 최초의 결전이 유일한 결전이 아니라면 그 결전의 규모가 클수록 이어지는 결전들에 더욱 큰 영향을 미친다. 물론 인간의 정신은 가능한 후속 결전에 대비하기 위해 최초의 결전에서 과도한 노력을 회피할 수 있다. 다시 말하면 보편적인 경우만큼 전투력을 집중하거나 전력을 다하지 않을 수도 있다. 양측 교전자 중 어느 한 편이 자체의 약점 때문에 전력투구를 피하는 것은 다른 한 편으로 하여금 노력을 완화하게 만드는 진정한 객관적 원인이다. 그리하여 극단으로 치닫는 노력은 이러한 상호작용에 의해 일정한 정도의 노력으로 축소되는 것이다.

9. 전쟁의 결과는 결코 절대적인 것이 아니다

결국 전체 전쟁의 최종 결과는 항상 절대적 결과로 간주될 수 없다. 패배한 국가는 단지 전쟁의 결과를 잠정적 해악으로 간주할 뿐이다. 추후 이 해악에 대한 구제책도 정치적 상황 속에서 마련될 수 있다. 이 구제책이 긴장의 폭력성과 노력의 격렬성을 완화시켜 주는 것은 자명한 사실이다.

10. 현실 생활의 개연성은 개념의 극단성과 절대성을 대신한다

이와 같은 방식으로 전체 전쟁 행동은 극단적인 전투력 운용의 법칙을 회피하게 된다. 이제 우리가 더 이상 극단적인 것을 두려워하거나 추구하지 않아도 된다면 그 대신 노력의 한계를 어떻게 설정할 것인가를 판단하는 일만 남게 되며, 이 판단은 현실 세계의 현상과 개연성의 법칙에 기초하여 이루어진다. 양측은 더 이상 순수개념이 아닌 개별 국가와 정부가 되었다. 전쟁은 더 이상 이론적으로 진행되는 행동이 아니라 자체의 고유한 법칙에 따라 전개되는 행동이다. 따라서 실제 현존하는 것이 미지의 것과 예상되는 것을 밝히는 데 필요한 자료를 제공할 것이다.

양측은 각각 상대방의 성격, 제도, 상태, 상황 등에 기초하여 개연성의 법칙에 따라 상대방의 행동을 추론하고, 이어서 자신의 행동을 결정할 것이다.

11. 이제 정치적 목적이 다시 전면에 등장한다

여기서 제2항에서 다루었던 새로운 주제, 즉 전쟁의 정치적 목적에 대한 고찰이 불가피해졌다. 지금까지 전쟁의 정치적 목적은 극단의 법칙과 적을 무장해제 상태로 만들고 타도하려는 의도에 의해 가리워져 있었다. 그러나 이 법칙의 효력이 약화되고 이 의도가 목표에 못 미치게 되면, 정치적 목적이 다시금 전면에 등장하지 않을 수 없다. 이러한 일련의 고찰이 특정한 인물과 상황에 기초한 일종의 확률 계산 과정이라면, 원천적인 동기인 정치적 목적은 이 계산 과정에서 가장 본질적인 요인이 되어야 한다. 우리가 적에게 요구하는 희생이 작을수록, 우리에게 저항하는 적의 노력도 작을 것으로 기대할 수 있다. 그러나 적의 노력이 적을수록 우리의 노력은 더욱 작아진다. 나아가 우리의 정치적 목표가 작을수록 지향하는 목적의 가치는 더욱 작아지고, 우리는 좀 더 일찍 그 목적을 포기하는 데 동의하게 될 것이다. 따라서 우리의 노력은 이러한 이유로 완화된다.

전쟁의 원천적 동기인 정치적 목적은 군사적 행동을 통해 달성해야 할 군사적 목표는 물론 이에 요구되는 노력의 척도가 된다.

그러나 정치적 목적은 그 자체로 척도가 될 수 없다. 우리가 순수이론과 관계하지 않고 현실과 관계하고 있기 때문에, 그 목적은 양측 국가와 관련된 목적이 된다. 같은 정치적 목적일지라도 어떤 국민이냐에 따라 극히 상이한 결과를 낳을 수 있고, 같은 국민일지라도 시대에 따라 극히 상이한 결과를 낳을 수 있다. 그러므로 우리는 정치적 목적이 움직여야 할 국민 대중에게 작용하는 영향력을 생각해야만, 그것을 하나의 척도로 간주할 수 있다. 따라서 이러한 국민 대중의 본성은 우리의 고찰 대상이 되어야 한다. 이 국민 대중의 특성이 어떤 특별한 행동을 위해 강화되느냐 약화되느냐에 따라서 그 결과가 상이하게 나타나게 되는 것은 자명하다. 전쟁의 정치적 동기 자체가 매우 약함에도 불구하고, 양측 국민과 국가 간에 조성된 극도의 긴장 상태와 적대요소로 말미암아 전쟁의 본성을 훨씬 능가하는 결과와 엄청난 폭발을 가져올 수도 있다.

이러한 원리는 양측 국가의 정치적 목적이 제기하는 노력에도 적용되며, 나아가 그 정치적 목적이 요구하는 군사적 목표에도 적용된다. 때때로 정치적 목적이 군사적 목표와 일치할 수 있다. 예컨대 특정 지방의 정복이 정치적 목적이면서 군사적 목표일 수 있다. 또한 때때로 정치적 목적 자체가 군사적 목표를 부여하기에 부적합한 경우도 있다. 이러한 경우에는 정치적 목적과 동등한 가치를 지닌 군사적 목표가 설정되어야 하며, 이 목표는 평화협상 시에도 정치적 목적을 대신할 수 있어야 한다. 그러나 이 과정에서 관련 국가들의 특성에 대한 고려가 전제되어야 한다. 정치적 목적이 달성되려면, 대용代用 목표가 훨씬 더 중요할 수밖에 없는 경우가 있다. 국민 대중이 냉담하게 반응할수록, 양측 국가 간 또는 국내의 긴장이 약할수록, 정치적 목적은 하나의 척도로서 더욱더 국민 대중을 지배할 것이고 결정적인 성격을 띠게 될 것이다. 따라서 정치적 목적이 거의 독자적으로 결정하는 상황이 존재한다.

일반적으로 군사적 목표가 정치적 목적과 동등한 가치

를 지니고 있다면, 이 정치적 목적의 가치는 군사적 목표와 비례하여 저하될 것이다. 정치적 목적이 강하게 지배할수록 저하의 정도가 더욱 심화될 것이다. 따라서 섬멸 전쟁에서 단순한 무장 관측 활동까지 그 중요도와 치열도에 따라 모든 유형의 전쟁이 존재할 수 있다는 결론이 나온다. 이것은 앞으로 우리가 분석하고 답해야 할 또 다른 문제를 제기하고 있다.

12. 군사적 활동의 정지는 아직 설명되지 않았다

양측의 정치적 요구가 크지 않고 가용 수단이 적으며 설정한 군사적 목표가 제한될지라도 군사적 행동이 한순간이라도 정지될 수 있는가? 이것은 문제의 본질을 깊이 파고드는 물음이다.

모든 행동은 완료되기까지 일정한 시간을 필요로 한다. 이 시간은 행동의 지속시간이라고 불린다. 행동의 주체가 행동하는 속도의 차이에 따라 지속시간은 길거나 짧을 수 있다.

여기서 속도의 차이에 관한 문제를 논의할 필요는 없다. 모든 사람은 자기 자신의 고유한 방식대로 과업을 수행한다. 느린 사람은 많은 시간을 소모하려고 의도적으로 늦게 일하는 것이 아니라 그의 천성으로 인해 많은 시간을 필요로 한다. 이러한 사람은 급하게 서두르면 오히려 일을 잘할 수 없다. 따라서 그의 속도는 주관적 원인에 의해 결정되고 행동의 실제 지속시간을 형성하는 요인이다.

전쟁에서의 모든 행동이 지속시간을 갖는다면, 이 지속시간 이외의 모든 추가적 시간 소모, 즉 군사적 행동에서의 모든 정지는 모순이라는 사실을 첫눈에 인정하지 않을 수 없다. 이와 관련하여 우리는 양측 중 어느 한 편의 진행을 논의하는 것이 아니라 하나의 전체로서 양측 군사적 행동의 진행을 논의하고 있다는 점을 항상 잊지 말아야 할 것이다.

13. 단 한 가지 원인만이 행동을 정지시킬 수 있으며 그 원인은 항상 어느 한 편에만 존재할 수 있는 것처럼 보인다

양측이 싸울 태세를 갖췄다면 틀림없이 적대관계의 원리가 양측으로 하여금 싸움을 준비하도록 작용했을 것이다. 양측이 무장 상태를 유지하는 한, 즉 평화협정을 체결하지 않는 한 적대관계의 원리는 존재한다. 이 적대관계의 원리는 양측 모두에게 오직 한 가지 조건에서만 억제될 수 있다. 즉 행동하기보다 유리한 시점을 기다리려는 조건에서다. 첫눈에 이 조건은 항상 양측 중 어느 한 편에만 존재할 수 있는 것처럼 보인다. 왜냐하면 이 조건은 곧 다른 한편에게는 반대 조건이 되기 때문이다. 어느 한 편이 행동에 관심을 갖고 있다면 다른 한 편은 기다리는 것에 관심을 갖지 않을 수 없다.

상호 전투력의 완전한 균형도 정지 상태를 가져올 수 없다. 왜냐하면 이러한 균형 상태에서도 적극적인 목적을 가진 공자攻者가 주도권을 쥐고 있기 때문이다.

그러나 적극적인 목적, 즉 더 강한 동기를 가진 편이 상대적으로 약한 전투력을 지배하고 있는 상태를 균형으로 생각할 수 있다. 균형은 동기와 전투력이 결합된 결과로 나타난다. 이러한 균형 상태에서 어떤 변화도 예견할 수 없다면 양측은 평화협정을 체결해야 한다고 주장할 수 있다. 그러나 변화를 예견할 수 있다면 그 변화는 어느 한 편에 유리하게 작용할 것이며, 이로 인해 다른 한 편은 행동을 취하지 않을 수 없게 된다. 여기서 균형의 개념이 정지를 의미할 수는 없다. 오히려 균형의 개념은 좀 더 유리한 시기를 기다린다는 의미에 가깝다. 두 국가 중에서 어느 한 국가가 적극적 목적, 즉 평화협상 시에 효과를 발휘하기 위해 적국의 한 지역을 정복하려는 의도를 가지고 있다고 가정해 보자. 이 국가가 적국의 한 지역을 정복한 후 정치적 목적을 달성하게 되면 행동의 필요성이 없어지므로 정지 상태가 유지된다. 여기서 적국이 이러한 결과를 감수하고자 한다면 평화협정을 체결해야 하며, 그렇지 않다면 행동해야 한다. 그러나 예를 들어 적국이 4주 이내에 행동을 좀 더 유리하게 준비할 수 있다고 판단한다면 행동을 연기할 만한 충분한 이유를 가지고 있다고 볼 수 있다.

따라서 이 순간부터 점령국은 적국이 행동을 준비하는 데 필요한 시간을 주지 않기 위해 행동을 취하게 될 것이

분명하다. 여기에는 양측이 서로 상황을 완전하게 파악하고 있다는 조건이 전제되어야 할 것이다.

14. 따라서 군사적 행동은 연속성을 갖게 되며 이 연속성은 모든 것을 상승시킨다

만일 이러한 연속성이 실제로 존재한다면 이 연속성으로 인해 모든 것은 극단으로 치닫게 될 것이다. 왜냐하면 행동의 연속성으로 말미암아 보다 엄격한 추론, 보다 안정된 인과관계가 성립될 것이기 때문이다. 따라서 모든 개별 행동은 한층 중대한 의미와 위험한 성격을 띠게 될 것이다. 이러한 끊임없는 행동이 양측의 국민 정서를 더욱 불타오르게 함은 물론 더욱 강한 열정과 원초적 힘을 솟구치게 할 것이다.

그러나 우리는 군사적 행동이 이러한 연속성을 거의 또는 전혀 갖지 않는다는 것을 알고 있으며, 과거 수많은 전쟁을 통해 가용 시간의 극소량만 군사적 행동에 소모되고 남은 대부분의 시간 동안 정지 상태가 유지되었다는 것을 알고 있다. 우리는 이러한 상태를 항상 이상異常현상으로 간주할 수 없다. 군사적 행동의 정지는 항상 가능하다. 즉 그 자체가 모순일 수는 없다. 지금부터 그 이유를 밝히고자 한다.

15. 여기서 이른바 양극성의 원리가 필요하다

양측 야전사령관의 이익이 서로 동등한 크기로 대립한다고 생각함으로써, 순수한 양극성을 가정할 수 있다. 이 원리를 논의하기 위해 추후 별도의 장이 할애될 것이지만, 여기서는 다음의 내용을 설명해야 한다.

양극성의 원리는 양적 요소와 음적 요소가 서로 정확하게 상쇄되는 동일한 대상을 고찰할 경우에만 적용된다. 하나의 회전에서 양측은 모두 서로 승리하고자 한다. 이것이 진정한 양극성이다. 왜냐하면 어느 한 편의 승리는 다른 한 편의 승리를 배제하기 때문이다. 그러나 외재적으로 공동의 관계를 맺은 두 가지 다른 요소에 관한 문제라면 이 요소들이 양극성을 갖는 것이 아니라 그들의 관계가 양극성을 갖는 것이다.

16. 공격과 방어는 서로 다른 종류, 서로 다른 강도의 요소이므로 양극성의 원리가 적용될 수 없다

만일 단지 한 가지 형태의 전쟁, 즉 방어는 없고 적의 공격만 존재한다고 가정한다면, 다시 말해서 공격은 적극적 동기를 가지고 있지만 방어는 적극적 동기를 가지고 있지 않기 때문에 공격이 방어와 다르다면 싸움은 항상 동일할 것이다. 이러한 싸움에서 한 편의 이점은 반드시 다른 한편에게는 그 이점과 동일한 크기의 불리점이 될 것이다. 그러면 양극성이 존재하는 것이다.

그러나 실제로 군사적 행동은 두 가지 형태, 즉 공격과 방어로 구분된다. 추후 본질적으로 밝히게 되겠지만, 공격과 방어는 완전히 다르며 서로 다른 강도를 지니고 있다.

양극성은 양측이 상호 관계를 맺게 되는 결전에 존재하며 공격과 방어 그 자체에는 존재하지 않는다. 어느 한 편의 야전사령관이 결전을 미루고자 한다면 다른 한 편의 야전사령관은 일찍 결전을 치르고자 할 것이 분명하다. 물론 이러한 가정은 동일한 형태의 싸움에서만 가능하다. 만일 A가 적 B를 즉각 공격하지 않고 4주 후에 공격하는 것이 이익이라고 생각한다면, B는 4주 후보다는 즉각 공격을 받는 것을 이익이라고 생각할 것이다. 이것은 바로 직접적인 모순 관계이다. 그러나 우리는 이 명제로부터 B가 A를 즉각 공격하는 것이 B에게 이익이라고 추론할 수는 없다. 이것은 명백히 다른 문제이기 때문이다.

17. 공격에 대한 방어의 우위는 때때로 양극성의 영향을 소멸시키고 군사적 행동의 정지를 설명해 준다

추후 제시하게 될 것이지만, 만일 방어 형태가 공격 형태보다 강력하다면 어느 한 편이 결전을 연기함으로써 얻는 이점은 다른 한 편이 갖는 방어의 이점과 동일한가에 대한 의문이 제기될 것이다. 두 이점이 동일하지 않은 경우, 결전 연기의 이점이 방어의 이점을 상쇄할 수 없으며, 이러한 방식으로 군사적 행동의 진행에 영향을 미칠 수 없다. 따라서 이익의 양극성이 자극하는 힘은 공격과 방어의 강도 차이로 말미암아 상실되면서 결국 무기력해질 수 있음을 알 수 있다.

현재 상황은 유리하지만, 방어의 이점을 배제하고 싸우기에는 너무 약한 측은 불리한 미래 상황이 도래하는 것을 감수해야만 한다. 왜냐하면 즉각 공격하거나 평화협정을 체결하는 것에 비해 불리한 미래 상황에서 방어적으로 싸우는 것이 훨씬 나을 수 있기 때문이다. 우리는 방어가 확실히 우월하다_{정확하게 파악했다면}는 사실을 알게 되었으며, 그 우월성이 우리가 일견 생각하는 것보다 훨씬 더 크기 때문에, 내적 모순 없이 전쟁에서 발생하는 대부분의 정지 기간은 그것으로 규명이 된다. 행동의 동기가 약할수록 그 동기는 공격과 방어의 차이에 의해 더욱 흡수되고 중화되며 이로 인해 군사적 행동은 더욱더 빈번하게 정지

될 것이다. 이것은 경험이 주는 교훈이다.

18. 군사적 행동을 정지시키는 두 번째 원인은 불완전한 상황 파악에 있다

 군사적 행동을 정지시킬 수 있는 또 다른 원인은 불완전한 상황 파악에 있다. 모든 야전사령관은 아측 상황을 정확하게 파악하고 있지만 적측 상황은 단지 불확실한 정보에 의존하여 파악할 뿐이다. 따라서 그는 정보 판단 과정에서 오류를 범할 수 있으며 이러한 오판으로 말미암아 아측이 행동해야 하는 상황임에도 불구하고 적이 행동할 것이라고 믿기도 한다. 물론 이러한 인식의 오류는 시기적으로 부적절한 행동과 부적절한 정지를 동일한 빈도로 자주 유발할 수 있으므로 군사적 행동을 지연시키거나 가속화하는 데까지는 영향을 주지 못할 수 있다. 그러나 이러한 인식의 오류는 군사적 행동을 자체적 모순 없이 정지시킬 수 있는 자연적 원인들 중의 하나로 간주되어야 한다. 일반적으로 우리는 적의 전투력을 과소평가하기보다는 과대평가하는 경향이 있다. 그것은 인간의 본성 때문이다. 따라서 불완전한 상황 파악은 일반적으로 군사적 행동을 정지시키고 행동의 원리를 완화시키는 데 심각한 영향을 주고 있음을 인정하게 된다.

정지의 가능성은 군사적 행동을 더욱 완화시킨다. 왜냐하면 정지의 가능성은 군사적 행동을 시간이 흐를수록 약화시키고 위험의 확산을 억제하며 상실된 균형을 회복하기 위한 수단을 증대시키기 때문이다. 전쟁을 유발하는 긴장이 크고 그 에너지가 클수록 정지 기간은 짧다. 이러한 군사적 원리가 약할수록 정지 기간은 길다. 보다 강력한 동기는 의지력을 증대시키며 우리가 아는 바와 같이, 이 의지력은 항상 전투력의 구성요소이며 산물이다.

19. 군사적 행동의 빈번한 정지는 전쟁이 절대적인 것이기보다는 확률 계산에 가깝다는 것을 입증하고 있다

그러나 군사적 행동이 느리게 진행되고 빈번히 오래 정지될수록 우리는 오류를 더욱 많이 수정할 수 있으며, 야전사령관의 행동이 대담할수록 그의 계획은 이론적 극단을 피하고 개연성과 추측에 근거하여 수립될 것이다. 구체적인 상황의 본성이 요구하는 것은 주어진 상황에 따른 확률 계산이다. 이 확률 계산을 위해 다소 느리게 진행되는 군사적 행동은 시간적 여유를 제공한다.

20. 전쟁을 도박으로 만들려면 우연이 필요하다
전쟁과 우연은 불가분의 관계이다

지금까지 우리는 전쟁의 객관적 본성이 전쟁을 확률 계산으로 만든다는 것을 명확히 인식했다. 이제 전쟁을 도박으로 만들기 위해서는 최종적으로 한 가지 요소가 더 필요하다. 이 요소와 전쟁은 불가분의 관계이다. 그것은 우연이다. 전쟁처럼 우연과 지속적이고 보편적인 관계에 있는 인간의 활동은 없다. 이 우연의 요소를 통해 추측과 행운은 전쟁에서 중요한 역할을 차지한다.

21. 전쟁은 그 객관적 본성뿐만 아니라 주관적 본성상 도박이다

　전쟁의 주관적 본성, 즉 전쟁 수행 수단인 전투력에 대해 고찰해 보면 전쟁이 도박이라는 사실이 한층 확연해진다. 군사적 활동이 존재하는 영역은 위험의 영역이다. 위험의 영역에서 최고의 정신능력은 무엇인가? 용기이다. 용기는 총명한 계산적 사고와 조화를 이룰 수 있지만, 양자는 다른 종류로 각각 다른 정신능력에 속한다. 반면에 모험성, 행운에 대한 믿음, 대담함, 무모함 등은 용기의 다른 표현들이다. 이러한 정신의 특성들은 구성요소인 우연을 추구한다.

　따라서 원래 절대적인 것, 이른바 수학적인 것은 전쟁술의 계산적 사고 과정에서 확고한 역할을 차지하지 않는다는 것을 알 수 있다. 전쟁은 최초부터 가능성, 확률, 행운, 불행 등이 관련된 도박이며, 이 도박은 마치 굵고 가는 실로 조직된 직물처럼 얽혀 있다. 모든 유형의 인간 행위 중에서 전쟁에 가장 가까운 행위는 카드게임이라고 할 수 있다.

22. 이러한 전쟁의 본성은 일반적으로 인간의 정신에 가장 적합하다

이성은 항상 투명성과 확실성을 추구하려는 경향이 강하지만, 정신은 때때로 불확실성에 이끌려 지각하기도 한다. 인간의 이성은 자신이 낯설게 느끼는 공간, 즉 모든 친숙한 대상들이 떠난 것처럼 느끼는 공간에 거의 무의식적으로 들어서야 할 경우 철학적 탐구와 논리적 추론의 좁은 오솔길을 헤쳐 나가기보다는 상상력과 함께 우연과 행운의 영역에서 안주하기를 원하기 마련이다. 이성은 빈약한 필요성보다는 풍부한 가능성을 탐닉한다. 이와 같이 고무된 용기는 활기를 띠게 되고, 모험과 위험은 용기의 구성요소가 된다. 이성은 마치 용기 있는 수영선수가 급류에 뛰어들 듯이 모험과 위험 속으로 뛰어들게 된다.

　이론이 우리를 이 수준에 머물게 하고 자족하면서 절대적 결론과 규칙들 속에서 계속 발전할 수 있는가? 그렇다면 이러한 이론은 생활에 전혀 쓸모가 없을 것이다. 이론은 인간적인 측면을 고려해야 하며 용기, 대담성, 무모함 역시 이론의 영역이 허용되어야 마땅하다. 전쟁술은 생명과 정신을 지닌 전투력과 관계를 맺고 있다. 따라서 전쟁술은 결코 완전한 절대성과 확실성을 성취할 수 없다. 우연의 여지는 사건의 규모가 크든 작든 어디든지 존재한다. 우연이 한 편에 있다면 용기와 자신감이 다른 한 편에 위치하여 균형을 유지해야 한다. 용기와 자신감이 커지면 그만큼 우연의 여지도 커진다. 전쟁에서 용기와 자신감은 극히 본질적인 원리들이다. 따라서 이론은 군사적 덕 중에서도 가장 필수적인 덕으로서의 고결한 용기와 자신감이 다양한 정도와 형태로 발휘되도록 법칙을 제정해야 한다. 모험은 명민함과 신중함을 겸비해야 하며, 이 명민함과 신중함은 다른 가치기준에 의해 평가된다.

23. 그러나 전쟁이 중대한 목적을 위한 중대한 수단임에는 변함이 없다 전쟁에 대한 보다 상세한 정의

지금까지 우리는 전쟁, 전쟁을 지휘하는 야전사령관, 전쟁을 지배하는 이론에 관해 고찰했다. 그러나 전쟁은 오락도 아니요, 단순히 모험과 성공을 즐기는 것도 아니요, 자유로운 열정의 산물도 아니다. 전쟁은 중대한 목적을 위한 중요한 수단일 뿐이다. 행운의 게임과 유사한 전쟁의 다채로운 성격, 전쟁이 포함하고 있는 정열, 용기, 환상, 열광 등의 모든 변화는 단지 전쟁 수단의 고유한 특성일 뿐이다.

전체 공동체의 전쟁, 즉 전체 국민의 전쟁 특히 문명국민의 전쟁은 반드시 정치적인 상황에서 연원하며 정치적 동기에 의해 야기된다. 따라서 전쟁은 정치의 행동이다. 우리가 전쟁을 전쟁의 순수개념으로부터 추론해야 하듯이, 만일 전쟁이 완전하고 방해받지 않는 행동이며 폭력의 절대적 표현이라면, 전쟁은 발생하는 순간부터 정치와는 완전히 독립된 것으로서 정치를 대신하게 될 것이며, 정치를 밀어내고 오직 고유의 법칙만 따라가게 될 것이다. 마치 지뢰가 설치 시에 조작된 작용 방향 외의 다른 방향으로 폭발하지 않는 것과 같다. 실제로 이러한 문제는 정치와 전쟁 수행의 부조화가 이러한 유형의 이론적 차이를 가져올 때마다 인식되어왔다. 그러나 실상은 그렇지 않으며 이러한 관념은 근본적으로 틀린 것이다. 우리가 이미 이해한 것처럼, 현실 세계의 전쟁은 긴장 상태를 단 한 번의 폭발로 해결하는 극단적인 것이 아니다. 전쟁은 전투력의 작용이다. 전투력은 완전히 동질적이고 일률적으로 발휘되는 것이 아니라 관성과 마찰에서 빚어지는 저항을 극복하기 위해 충분히 팽창하기도 하고, 한편으로는 효과를 발휘하기에 너무 약한 경우도 있다. 전쟁은 어떤 의미에서 보면 격렬하게 진행되는 폭력의 파동波動이고, 그 결과 다소 신속하게 긴장을 해소하고 전투력을 소진시킨다. 다시 말하면 전쟁은 신속하게 목표지향적으로 진행되지만, 그 진행이 여러 방향으로 영향을 미칠 정도로 충분한 시간 동안 지속된다. 요컨대 전쟁은 전쟁을 지휘하는 지성의 의지에 따라 결정될 수 있을 정도로 충분한 시간 동안 지속된다. 전쟁이 정치적 목적에서 출발한다는 것을 고려한다면, 전쟁을 촉발시킨 최초의 동기는 전쟁 수행 면에서 최우선적으로 중요하게 고려되어야 할 요소이다. 그러나 정치적 목적이 전제적 입법자일 수는 없다. 정치적 목적은 그 수단의 본성에 순응해야 하며, 때때로 그 수단으로 인해 정치적 목적이 변화되기도 한다. 그럼에도 불구하고 정치적 목적은 언제나 최우선적으로 고려되어야 한다. 그러므로 전쟁에서 폭발하는 전투력의 본성이 허용하는 한, 정치는 전체 군사적 행동에 침투하여 지속적으로 영향력을 발휘하게 된다.

24. 전쟁은 다른 수단에 의한 정치의 연속에 불과하다

그러므로 전쟁은 정치의 행동일 뿐만 아니라, 진정한 정치적 도구이고 정치적 교류의 연속이며 다른 수단에 의한 정치적 교류의 실행이다. 다만 전쟁이 지닌 고유의 특성들은 전쟁 수단의 고유한 본성과 연관되어 있을 뿐이다. 일반적으로는 전쟁술이, 모든 개별적인 경우에는 야전 사령관이 정치의 방향과 의도가 전쟁 수단과 모순되지 않도록 요구할 수 있다. 이러한 요구는 결코 사소한 것이 아니지만 어떤 개별 경우의 정치적 의도에 아무리 강력한 영향을 미친다 해도 언제나 정치적 의도를 한정하는 데 그칠 것이다. 왜냐하면 정치적 의도는 목적이고 전쟁은 수단이기 때문에 목적이 없는 수단은 생각조차 할 수 없기 때문이다.

25. 전쟁의 다양성

전쟁의 동기가 크고 강하며 그것이 교전국 국민들에게 막대한 영향을 미치고 전쟁 이전의 긴장이 폭력적일수록, 전쟁은 그 자체의 추상적 형상에 더욱 가까워진다. 따라서 적의 타도가 더욱 중요해지며 군사적 목표와 정치적 목적은 더욱 일치하게 되고, 전쟁의 군사적 성격은 더욱 강해지는 반면 정치적 성격은 약화된다. 그러나 동기와 긴장이 약할수록 군사적 요소의 자연적 성향, 즉 폭력성은 정치가 제시한 방향과 일치되기가 더욱 어려워질 것이다. 이 경우 전쟁은 자연적 성향으로부터 더 크게 이탈될 수밖에 없으며 정치적 목적은 이상적 전쟁의 목표와 더욱 차별성을 띠고 전쟁은 정치적 성격을 더욱 강하게 띠게 된다.

여기서 독자들이 그릇된 기본 관념을 갖지 않도록 하기 위해 설명해 두어야 할 것이 있다. 전쟁의 자연적 성향이란 곧 철학적이며 독특한 논리적 성향을 의미하는 것이지 실제로 관여한 전투력의 성향, 즉 전투원들의 감성과 열정을 의미하지 않는다는 것이다. 경우에 따라서 이러한 감성과 열정은 정치적 방법으로 통제하기 힘들 정도로 고양될 수도 있을 것이다. 그러나 대부분의 경우 이러한 모순은 발생하지 않는다. 왜냐하면 출중하고 조화로운 계획은 강력한 노력에 달려 있기 때문이다. 만일 이 계획이 사소한 목표를 지향하고 있다면 국민 대중의 감성의 노력을 약화시키기 때문에, 국민 대중은 억제보다는 자극을 더욱 필요로 할 것이다.

26. 모든 전쟁은 정치의 행동으로 간주될 수 있다

그러면 우리의 핵심 주제로 돌아가자. 정치가 완전히 사라진 것처럼 보이는 유형의 전쟁이 있는 반면, 정치가 확연하게 전면에 나타나는 유형의 전쟁이 있다. 이러한 두 가지 유형의 전쟁이 존재하는 것이 사실이라면 양자 모두 정치적 성격을 띠고 있다고 말할 수 있다. 국가를 한 인간으로, 정치를 그 인간 지성의 산물로 간주한다면, 모든 우발 사태 중에서 국가가 준비해야 할 것은 상황의 본성이 요구하는 첫 번째 유형의 전쟁이다. 만일 정치가 일반적 통찰력보다는 전통적 개념, 즉 폭력의 사용을 회피하는 신중하고 교활하고 부정직한 책략으로 간주된다면, 첫 번째 유형의 전쟁에 비해 두 번째 유형의 전쟁이 정치적 성격을 강하게 띨 것이다.

27. 전쟁사에 대한 이해와 전쟁 이론의 기초와 관련하여 이상의 관점이 낳은 결과

첫째, 우리는 어떤 상황에서도 전쟁은 독립적인 것이 아니라 하나의 정치적 도구로 간주해야 한다는 사실을 인식하게 되었다. 그리고 이러한 관념에 의해서만 전체 전쟁사와의 모순에 빠지지 않을 수 있으며, 방대한 전쟁사 관련 서적을 통찰할 수 있다. 둘째, 바로 이러한 관점은 전쟁이 그 원인이 되는 동기와 상황의 본질에 따라 얼마나 달라지는가를 보여주고 있다.

정치가와 야전사령관이 실행하는 가장 우선적이고 중요하며 결정적인 판단 행위는 다음과 같다. 즉, 위에서 논술한 관점에서 그는 자신이 지휘하는 전쟁을 올바로 인식함으로써 상황의 본성상 실현될 수 없는 것을 전쟁을 통해 성취하려고 하면 안 될 것이다. 따라서 이것은 모든 전략적 문제들 중에서 가장 우선적이고 포괄적인 문제이다. 추후 우리는 전쟁 계획을 다룰 때 이러한 전략적 문제에 관해 상세히 고찰하게 될 것이다.

현 단계에서 우리는 이상의 주제에 대한 기본 관점을 정립하는 것으로 만족해야 할 것이다. 이 기본 관점을 바탕으로 전쟁과 전쟁이론이 고찰되어야 한다.

28. 전쟁이론을 위한 결론

전쟁은 카멜레온과 다름없다. 왜냐하면 전쟁은 개별 상황마다 그 본성을 약간씩 변화시키기 때문이다. 또한 전쟁은 경이로운 삼위일체이다. 왜냐하면 전쟁은 그 전쟁을 지배하는 성향과 관련된 전체 현상에 따라 다음과 같이 세 가지 복합적인 성격을 띠고 있기 때문이다.

첫째, 전쟁은 그 구성요소인 적대감정과 적대의도에서 연원된 원초적 폭력성을 갖는다. 이 폭력성은 맹목적인 본능과 같은 것이다.

둘째, 전쟁은 전쟁을 자유로운 정신 활동으로 만드는 확률과 우연의 게임이다.

셋째, 전쟁은 정치의 도구로서 정치에 종속된 본성을

갖고 있다. 따라서 전쟁은 순수한 이성의 영역에도 귀속되어 있다.

이와 같은 전쟁의 세 가지 측면 중에서 첫 번째 측면은 국민, 두 번째 측면은 야전사령관과 군대, 세 번째 측면은 정부와 깊은 관계가 있다. 전쟁에서 타올라야 할 열정은 국민들 속에 내재되어 있다. 용기와 재능의 게임이 확률과 우연의 영역에서 작용하는 범위는 야전사령관과 그의 군대의 고유 특성에 따라 결정된다. 그러나 정치적 목적은 정부의 독자적인 몫이다.

이러한 세 가지 성향은 상이한 법칙처럼 보이지만, 전쟁이란 주제의 본성에 깊게 뿌리를 두고 있으며 정도의 차이가 있을 뿐이다. 만일 하나의 이론이 다른 이론을 무시하거나 다른 이론과 어떤 자의적 관계를 성립하고자 한다면, 그 순간 이론은 이미 파괴된 것으로 간주될 수밖에 없는 현실적 모순에 빠지게 될 것이다.

그러므로 우리의 과제는 이 세 가지 성향, 즉 세 가지 인력(引力)이 균형을 유지하도록 이론을 정립하는 것이다.

이와 같이 '어려운 과제를 어떻게 해결하는 것이 최선

의 방법인가' 하는 문제는 전쟁의 이론에 관해 논술한 제2편에서 연구하고자 한다. 어떻든 지금까지 우리가 정립해 놓은 전쟁에 관한 개념들은 이론의 기본구조를 밝혀주고, 전쟁의 중요한 구성요소를 선별하고 구별하게 해주는 최초의 빛이 될 것이다.

참고문헌

클라우제비츠 | 전쟁론

1. Carl von Clausewitz, 『Verstreute kleine Schriften. Zusammengestellt』 bearbeitet und eingeleitet von Werner Hahlweg (Osnabrück, 1979)
2. Carl von Clausewitz, 『Vom Kriege』 bearbeitet und eingeleitet von Werner Hahlweg (Bonn, 1980) ; 류제승 옮김, 『전쟁론』 - 19쇄 (책세상, 2024)
3. Carl von Clausewitz, 『On War』 Edited and Translated by Michael Howard and Peter Paret (Princeton, 1984)
4. Alexander Swetschin, 『Clausewitz: Die klassische Biographie aus Rußland』 (Bonn, 1997)
5. Hew Strachan, 『Clausewitz's On War: A Biography』 (New York, 2007)
6. Olaf Rose, 『Carl von Clausewitz: Wirkungsgeschichte seines Werkes in Rußland und der Sowjetunion 1836–1991』 (München, 1995)
7. Peter Paret, 『Clausewitz und der Staat: Der Mensch, seine Theorien und seine Zeit』 (Bonn, 1993)
8. Peter Paret, 『Clausewitz and the State: The Man, his Theories, and his Times』 (Princeton, 1985)
9. Reiner Pommerin, 『Clausewitz goes global: Carl von Clausewitz in the 21st Century』 (Berlin, 2011)
10. Uwe Hartmann, 『Carl von Clausewitz: Erkenntnis–Bildung–Generalstabsausbildung』 (München, 1998)

전쟁 역사 | 안보전략

11. Andreas Hillgruber, 『Der 2. Weltkrieg: Kriegsziele und Strategie der großen Mächte』 (Stuttgart, 1983) ; 류제승 옮김, 『국제정치와 전쟁전략』 (한울, 1996)
12. Edward H. Luttwak, 『Strategie: Die Logik von Krieg und Frieden』 (Hannover, 2003)
13. Günther Blumentritt, 『Strategie und Taktik: Ein Beitrag zur Geschichte des Wehrwesens vom Altertum bis zur Gegenwart』 (Konstanz, 1960) ; 류제승 옮김, 『전략과 전술』 (한울, 1994)
14. Günter Roth, 『Politik und Militärische Macht』 (Potsdam, 1995)
15. Henry Kissinger, 『Problems of National Strategy』 (Praeger, 1965)
16. Henry Kissinger, 『World Order』 (Newyork, 2015)
17. Herman Kahn, 『On Escalation: Metaphors and Scenarios』 (New York, 1965)
18. John Mearsheimer, 『The Great Delusion: Liberal Dreams and International Realties』 (New Haven, 2018)
19. Oskar Munzel, 『Die deutschen gepanzerten Truppen bis 1945』 (Herford-Bonn, 1965)
20. Samuel P. Huntington, 『The Soldier and the State: The Theory and Politics of Civil-Military Relations』 (London, 1985)
21. Siegmund Freud, 『Das Ich and das Es』 (Wien, 1923)
22. U.S. Army War College, 『Military Strategy: Theory and Application』 (Carlisle Barraks, 1989)
23. 류제승 지음, 『6.25 아직 끝나지 않은 전쟁』 (책세상, 2013)

주

1) 대표적으로, 리델 하트는 클라우제비츠를 섬멸 전쟁론자로 왜곡했다.

2) 블라디미르 레닌은 『전쟁론』 '제8편 전쟁 계획 6-2장 전쟁은 정치의 한 도구'를 프롤레타리아 혁명과 계급투쟁의 관점에서 정당화했다. 그는 클라우제비츠가 제시한 "전쟁은 폭력적 수단에 의한 정치의 연속이다"라는 대표적 명제에 변증법적·유물론적 논리를 부여하여 계급투쟁의 명제로 변질시켰고, 역사 속 무력분쟁들의 성격을 왜곡하여 인식토록 만드는 도구로 이용했다.

3) 클라우제비츠 가문은 1560년대부터 슐레지엔Schlesien 지방의 귀족에 뿌리를 둔 것으로 추정되며, 카를 폰 클라우제비츠가 47세 때인 1827년 1월 30일, 프리드리히 빌헬름 12세의 칙령에 의해 귀족으로 공식 인정되었다.

4) 클라우제비츠는 1803년[23세] 12월 아우구스트 왕자August: **프리드리히 대제의 조카인 페르디난드 왕자의 아들**의 개인교관일 때 마리 폰 브륄을 처음 만났고, 세 번째 만났을 때 마리를 지성미와 밝은 성격을 지닌 이상형으로 여겼다. 둘은 주로 연회 등 궁정 행사에서 만나 어린 시절, 괴테Johann Wolfgang von Goethe의 『젊은 베르테르의 슬픔』 등에 관해

대화를 나눴고, 편지글을 통해 서로 사랑을 키우다가, 1810년[30세] 카를이 소령으로 진급하면서 결혼식을 올렸다.

5) 귀족 출신의 자제들은 별도로 설치된 학교에서 수업했다.

6) 최초 이 학교는 샤른호르스트 학교장 지휘 하에 현역 장교 교관 7명과 민간 교수 2명, 학생장교 40명으로 출발했다. 일반학 과목으로, 예컨대 칸트철학·응용수학을 키제베터[Kiesewetter] 교수가 강의했으며 샤른호르스트는 기본수학과 논리학이 이성 성숙과 판단력 숙달에 중요하다고 강조했다. 군사학 과목은 전략학·전술학·장군참모학·전쟁사·지리학·포병운용 이론과 실제, 포병사격훈련 등으로 편성되어 있었고, 이 중에서 장군참모학은 샤른호르스트가 직접 가르쳤다.

7) 이 스승과 제자의 관계는 훗날 프로이센의 군사 개혁을 주도하고 나폴레옹 전쟁을 승리로 이끄는 원동력이었다. 샤른호르스트는 클라우제비츠를, 자신을 닮은 마음가짐, 복잡한 정치·군사[pol·mil] 문제를 풀어내는 특별한 사유 능력을 지닌 제자로 인정하고 아들처럼 여겼다. 프로이센 군사개혁의 중점은 장군참모제도 정비, 병역의무제도 도입, 평민의 장교 진출 허용, 태형제도 폐지, 제병협동술과 교육훈

주

련의 실전적 관리 등이었다.

8) Samuel P. Huntington, 『The Soldier and the State: The Theory and Politics of Civil-Military Relations』(London, 1985).

9) 클라우제비츠는 1803년[23세] 아우구스트 왕자[24세]의 전속부관을 겸직하는데, 당시 아우구스트 왕자는 베를린 주둔 보병부대의 대대장이었다.

10) 이 왕세자는 훗날 프리드리히 빌헬름[Friedrich Wilhelm] 4세로 즉위한다.

11) 1812년~1813년 나폴레옹이 러시아를 침공하여 공세 작전에서 수세 작전으로 전환하는 상황의 흐름 속에서, 클라우제비츠는 최초 나폴레옹 군에 복속되어 출정할 수밖에 없었던 프로이센 요크[Yorck] 군단이 1812년 12월 나폴레옹의 지휘 체계를 떠나 러시아 비트겐슈타인[Wittgenstein]군에 합류를 결정토록 하여 프로이센, 러시아, 영국이 대對프랑스 동맹을 결성하는 데 결정적 전기를 마련했다.

12) 1806년 예나 전투를 앞둔 시점에서, 프로이센 국왕이 패배를 두려워하며 나폴레옹의 요구에 굴복할 듯이 우유부단한 태도를 보

이자, 클라우제비츠는 승산이 없더라도 맞서 싸워 장렬히 패배하지 않으면 프로이센의 미래를 기약할 수 없다고 상소했다. 클라우제비츠는 마키아벨리의 『군주론』, 『로마사 논고』, 『전술론』을 공부했으며, 특히 분쟁이 발생하면 중립적이기보다 어느 한편에 서야 한다는 『군주론』 '제21장'의 명제를 특별히 주목했던 것으로 보인다.

13) 클라우제비츠는 1810년 베를린 전쟁학교 전략학 교관으로 보직되어 청년 장교들에게 소규모 비정규전 부대의 전략적 운용술을 가르쳤다. 당대 소부대의 전략적 운용에 관한 문제는 새로운 전쟁술의 영역이었다.

14) Peter Paret, 『Clausewitz und der Staat: Der Mensch, seine Theorien und seine Zeit』(Bonn, 1993), S. 541-4.

15) 클라우제비츠는 약 130건의 전투 전사를 탐구하여 전략과 전술의 본질과 원리를 파악하는 데 집중했다.

16) 클라우제비츠는 청년 장교 시절인 1801년[21세] 전쟁학교에 입교한 후부터 1806년[26세] 나폴레옹과의 전쟁 시점까지 전술연습, 정치[정책], 대[對]프랑스 전쟁전략 원칙, 30년 전쟁을 비롯한 전쟁사

주

연구 등에 관해 다수의 논문을 집필했다.

17) "불가능한 것을 추구하기 위해 가능한 것을 희생시키는 사람은 바보이다".『전쟁론』의 대미를 장식하는 이 문장은 새롭고 창의적인 군사이론과 교리일지라도 전쟁 및 전투 현장에서 체험적으로 터득한 교훈과 역사적 사례를 통해 실증해야만 그 적용의 실전성과 실용성을 보장할 수 있다는 점을 강조한 것으로 풀이된다.

18) Herman Kahn, 『On Escalation: Metaphors and Scenarios』 (New York, 1965)

19) Herman Kahn은 '확전 사다리 escalation ladder', 확전 사다리의 가로대 단계 rungs of the escalation ladder 등의 개념을 규정했다. 그는 위기 및 전쟁의 치열도를 기준으로 총 44단계로 구성된 '확전 사다리'를 체계화하여 위기 및 전쟁의 치열도가 상승하거나 하강하는 문제를 역동적으로 논의할 수 있는 준거의 틀을 마련했다.

20) Edward H. Luttwak, 『Strategie: Die Logik von Krieg und Frieden』 (Hannover, 2003), S. 191-3.

21) 클라우제비츠는 마키아벨리가『군주론』에서 전쟁은 정치의 수단

이며 군주는 명확한 정치적 동기가 있는 경우에만 전쟁을 수행해야 한다고 주장한 것을 논거로 삼은 것으로 보인다.

22) Siegmund Freud, 『Das Ich and das Es』(Wien, 1923).

23) Hew Strachan, 『Clausewitz's On War: A Biography』(New York, 2007), pp. 2-4.

24) 2018년 6월 싱가포르 미북 비핵화 정상회담 직후, 한미 양국은 한반도 비핵화 협상과 평화 프로세스를 지원하기 위해 을지프리덤가디언^{UFG} 연습, 키리졸브^{KR} 연습 및 독수리^{FE}훈련을 중단했다. 같은 시기에 한국 정부 연습^{을지}과 연합 군사 연습$^{Freedom\ Guardian}$이 분리 실시되었다.

25) 그 사이 북한의 핵·미사일 위협은 물론 재래식 군사위협도 더 커진 상태이다. 로버트 에이브럼스 연합군사령관은 2019년 2월 상원 군사위원회에 출석해 "비무장지대^{DMZ}에서 긴장은 완화됐지만, 북한은 핵무기를 고도화하는 중이며 동계훈련을 전면적으로 실시했다"라고 증언하면서, "북한군은 지난겨울 1백만 명 이상의 병력을 동원해 대규모 군사훈련을 실시했으며, 과거 5년에 비해 차이가 없다"라고 덧붙인 바 있다.

주

26) 한미 정상은 "한국의 신남방정책과 미국의 자유롭고 개방적인 인도·태평양 구상을 연계하기 위해 협력하고, 양국이 안전하고 번영하며 역동적인 지역을 조성하기 위해 협력한다"라고 약속했다. 이어서 12월, 양국 국방부장관은 한미 SCM 공동성명에서, "양 장관은 항행과 비행의 자유 등 규칙에 기초한 국제질서와 국제 규칙 및 규범 준수의 중요성을 재확인한다"라고 발표했다.

27) 클라우제비츠는『전쟁론』'제3편 전략 제3장 정신적 요인'에서, 정신적 요인들을 경시하거나 무시한 채 오직 물리적 요인, 즉 수치적·기술적 요인들만으로 전쟁을 이해하고 분석하는 오랜 관행을 비판했다. 그는 정신적 요인들이 전쟁에 관해 가장 중요한 주제라고 강조하고, 전쟁과 전투 작전의 물리적 원인과 결과를 칼의 목제 손잡이, 정신적 원인과 결과를 칼날에 비유하면서 정신적 요인들이 물리적 요인들보다 더 전쟁을 지배하는 영향 요인임을 밝혔다.

28) 클라우제비츠는 1806년 12월 아우구스트 왕자와 함께 볼모로 잡혀 프랑스 낭시Nancy에서 10개월 동안 억류 생활하던 중에 당대 교육개혁의 선구자인 하인리히 페스탈로치Johann Heinrich

Pestalozzi와 청소년 교육에 관해 대화를 나눌 수 있었다. 클라우제비츠는 프랑스 억류에서 풀려나 베를린으로 귀환하는 길에 페스탈로치가 1805년 설립하여 운영하던 스위스 이베르돈Yverdon의 학교를 방문했다. 클라우제비츠는 이 교육현장에서 페스탈로치의 교육철학과 원칙을 구현하는 교육프로그램을 직접 견학하며 살펴볼 수 있었다. 그는 이러한 연구 노력을 바탕으로 프로이센군 장교교육훈련이 개인의 자율적 사유 및 판단 역량을 배양하는 데 초점을 맞추도록 샤른호르스트, 그나이제나우와 함께 장교교육의 원칙과 프로그램을 혁신적으로 설계하고 제도화했다.

29) Oskar Munzel, 『Die deutschen gepanzerten Truppen bis 1945』(Herford-Bonn, 1965), S. 64.

30) U.S. Army War College, 『Military Strategy: Theory and Application』(Carlisle Barraks, 1989)

31) Samuel P. Huntington, 『The Soldier and the State: The Theory and Politics of Civil-Military Relations』(London, 1985), pp. 66-71.

32) John Mearsheimer, 『The Great Delusion: Liberal Dreams and

주

International Realties』 (New Haven, 2018), pp.156-7.

33) Henry Kissinger, 『Problems of National Strategy』 (Praeger, 1965), p. 1.

34) 1991년 체결된 남북 기본합의서는 "남과 북의 불가침 경계선과 구역은 1953년 7월 27일 군사 정전에 관한 협정에 규정된 군사 분계선과 지금까지 관할 하여온 구역으로 한다"[11조]라고 규정하고 있다. 1992년 체결된 그 부속합의서 역시 "해상불가침 구역은 해상불가침 경계선이 확정될 때까지 쌍방이 지금까지 관할 하여온 구역으로 한다"[10조]라고 규정하고 있다.

35) 최초 타격[First Strike]은 전쟁을 시작하는 공격행동[Initial Offensive Move of a War]으로서, 선제타격[Preemptive Strike]과 예방타격[Preventive Strike]으로 분류된다. 핵무기의 최초타격[First Strike of Nuclear Weapons]은 핵억제 전략의 중요한 결심사항이다. 최초 사용[First Use]은 전쟁이 시작된 상태에서 핵무기를 최초 사용하는 것으로서, 적의 강력한 재래식 공격을 억제 및 대응하거나, 확증 파괴 전략[Strategy of Assured Destruction]의 일환으로 적의 핵무기 공격을 억제 및 대응하는 데 목적이 있다.

36) 이를 위해, 독일군의 장군참모과정Generalstabslehrgang, 미국군의 지휘참모과정Command & Generalstaff College과 고급군사연구과정School of Advanced Military Studies에 대한 심층 비교연구는 필수적이다.

37) Samuel P. Huntington, 『The Soldier and the State: The Theory and Politics of Civil-Military Relations』(London, 1985), pp. 66-71.

38) Carl von Clausewitz, 『Verstreute kleine Schriften. Zusammengestellt』 bearbeitet und eingeleitet von Werner Hahlweg (Osnabrück, 1979), S. 162.

전쟁을 알아야 평화를 이룬다

1판 1쇄 인쇄 2025년 10월 24일
1판 1쇄 발행 2025년 11월 14일

지은이 류제승
펴낸이 김미영

본부장 김익겸
제작 올인피앤비
펴낸곳 지베르니
출판등록 2021년 8월 2일
등록번호 제561-2021-000073호
팩스 0508-942-7607
이메일 giverny.1874@gmail.com

ISBN 979-11-987734-5-6 (03390)

- 지베르니는 지베르니 출판그룹의 단행본 브랜드입니다.
- 책값은 뒤표지에 있습니다.
- 이 책 내용의 일부 또는 전부를 재사용하려면 반드시 지베르니 출판그룹의 동의를 얻어야 합니다.
- 잘못 만들어진 책은 구입하신 서점에서 바꿔 드립니다.